JN440003

외할아버지 기도

외할아버지 기도

초판 1쇄 인쇄 | 2022년 10월 30일
지은이 | 이석규
펴낸이 | 이재욱(필명:이승훈)
펴낸곳 | 해드림출판사
주 소 | 서울 영등포구 경인로82길 3-4(문래동1가 39)
센터플러스빌딩 1004호(07371)
전 화 | 02-2612-5552
팩 스 | 02-2688-5568
E-mail | jlee5059@hanmail.net

등록번호 제2013-000076
등록일자 2008년 9월 29일

ISBN 979-11-5634-524-4

외할아버지 기도

이석규 시집

해드림출판사

자서自序

주님은 나의 무적이었습니다

이 책은 나의 뜻에서라기보다 주님의 징계, 교통사고로 2년이 넘는 병상에서 이뤄진 것입니다. 대대로 우상을 섬기던 유교 집안의 8남매 중 셋째인 제가 처음으로 주님을 영접하고 안수집사까지 되었으나, 거듭되는 사업 실패로 서울에서 타향, 창원으로 내려왔어도 돈을 따라 움직였고 기도 생활, 헌신 봉사도 소홀히 하니까, 결국 주님께서 "세상 것 그만 쫓으라"고 다리를 부러뜨리신 것 같습니다. 머리도 한 3, 40발 꿰맸지만 괜찮은 것 보니 주님께서는 이런 죄인도 사랑으로 '관리'하고 계셨음에, 감사 찬송으로 이 책을 엮었으나 부족한 것뿐입니다.

나는 항상 멋들어진 시 한 편 쓰고 싶어 수고의 헐한 삯도 받을 수 없는 허허벌판에서 바다의 날줄 하나를 바라보고, 바다의 씨줄을 꺼내어 흔들었습니다. 난 늘 많이 가난했습니다. 나는 그 가난 때문에 주님께 더욱 매달렸고, 주님을 더욱더 사랑했습니다. 그런데 고맙게도 주님은 가끔 나팔을 불어서 무중 신호를 보내주셨습니다. 주님! 아아, 나의 주님은 나의 무적霧笛이었습니다. 이런 주님의 사랑 하나가 중단 없이 내일에 이어진다면, 나도 얼마 동안은 더 영광스럽게도 시인의 꽃다발에 머물리라 생각합니다.

2022년 10월

심천

차례

제1부 이 세상에서

제2부 우츄프라카치아

제3부 밥

제4부 외할아버지 기도

제1부

이 세상에서

아침 기도

미명未明에 속삭이는 햇살같이
내 마음 고요히 주의 제단에
오늘 하루 주님께 맡깁니다

가뭄에 비쩍 마른 이파리같이
내 마음 고요히 주의 말씀에
오늘 하루 주님만 의지합니다

옹달샘 가에 지저귀는 새같이
내 마음 고요히 주의 사랑에
오늘 하루 주님만 찬양합니다.

여호와여 아침에 주께서 나의 소리를 들으시리니
아침에 내가 주께 기도하고 바라리이다(시 5 : 3)

우리가 주님을 믿는다는 것도

냇물이 바다에 이르기까지의 거리는 얼마일까? 흐르고 싶은 욕망만큼? 그 믿음만큼? 진흙탕에 갇힌 간절함이여, 남은 건 추억뿐이라는 눈물이여 팬을 꺾은 시인처럼 앞산에 뻐꾸기 돌아와 울어도 아무 영웅적 기색도 없는 유성의 행로에서, 파도의 초대장을 꺼내 들고 철새 같은 바람에 왜 길을 묻고 있는가?

배의 위대한 주소는 항구이다. 그러므로 꽃은 향기에 주어야 하고, 열매는 주인에게 드려야 하듯이, 우리가 주님을 믿는다는 것도 내가 아닌 주님을 위한 모든 것이 되어야 한다.

이는 그가 사랑하시는 자 안에서 우리에게 거저 주시는 바 그의 은혜의 영광을 찬송하게 하려는 것이라(엡 1 : 6)

삭개오

뽕나무 가지에 걸터앉은 삭개오
가난한 마음을 꼭 껴안았더니
주님의 사랑이 가슴을 파고들어 와
가만히 기도로 남습니다

사람들이 세리장이라고 비난했어도
나는 가만히 주님을 사랑했는데
기도할 때마다 주님이
나를 위해서 십자가를 지셨다고 해서
선듯, 내 가진 것에 절반을 내놓아도
하나도 아깝지 않았습니다

날이 가고 세월이 흘러가도
주님의 십자가 사랑은 내 가슴에 남아
주르르 흘러내리는 땀방울 속에
부족한 저도 좀 써 달라고 기도하면서

꼭 껴안았던 마음을 푸니
돌아갈 내 고향 하늘나라, 천국이 초롱초롱
빛납니다.

삭개오가… 만일 누구의 것을 속여 빼앗은 일이
있으면 네 갑절이나 갚겠나이다(눅 19 : 8)

여호와께서 내 편이 되사

하나님 얼굴 본 적 없으나
하나님 말씀을 믿으면
어떤 역경에 처해 있을지라도
날 지켜주시네
은총의 보좌에서 날 위해 기도하며
더 좋은 길 예비하시네

아멘 할렐루야
여호와께서 내 편이 되사
나를 돕는 자들 중에 계시니
내가 영원히 주를 찬송하리라

하나님 얼굴 본 적 없으나
하나님 말씀을 따라가면
어떤 역경에 처해 있을지라도
날 구해주시네

내가 찬송과 기도로 눈을 뜨면
어떠한 장벽도 헤쳐 나갈 힘주시네

아멘 할렐루야
여호와께서 내 편이 되사
나를 돕는 자들 중에 계시니
내가 영원히 주를 찬송하리라.

여호와께서 내 편이 되사 나를 돕는 자들 중에 계시니(시 118 : 7)

꽃집 교회

어린 꽃이라고 해서
그가 거기 없다고 하는 이 없고
어린 꽃이라도 향기는 절대 가볍지 않아요
무관심에 안 헤맨 꽃 없고
외로움에 캄캄한 구석과 친구 된 꽃 많아요
어른 꽃들이 잘 보살펴 주면
견디지 못할 시련과 고난은 없어요
조상과 키와 몸무게는 달라도
어린 꽃이 가장 절실한 때
예수님의 십자가를 생각하며
그의 친구가 돼 주면 하나님은
아주 기뻐하신답니다
우리는 다 주님께 허물 많은 꽃이요
주님은 우리를 모두 사랑하시기에
어린 꽃이라고 무시하지 말고
그의 등을 마구 흔드는 바람을 막아주라 하십니다

어린 꽃에 대한 무관심이 사라질 때까지
그 편견과 장벽이 사라질 때까지.

내가 진실로 너희에게 이르노니 누구든지 하나님의 나라를 어린 아이와 같이 받들지 않는 자는 결단코 그 곳에 들어가지 못하리라 하시고(막 10 : 15)

시므온의 노래

"성령이 내게 일러주셨으니
나는 알아요 아기 예수님 곧 만날 것입니다"
백발이 성성하도록 그 약속 하나로 살았기에
다른 건 구하지 않는다오
나는 주님 한 분으로 만족하니까요
이 땅에서 아기 예수님 한 번만이라도 뵙고
천국에서 영원히 같이 살고 싶은 내 마음이
하늘로 자꾸 발돋움하는 나팔꽃에 어려 있다오
나는 부족하고 허물이 많은 사람이지만
아기 예수님을 만나고 싶은 나의 간망懇望은
순전한 어린아이의 믿음에 어려 있다오
그러니까 나는 늘 주님의 가슴에 잇대어 있으니
아아, 나 있는 곳이 하나님의 성이고
천사들이 날 지키는 주님 품속이구나
그러니까 나는 어떤 환난과 핍박이 날 에워싸도
주님께 한번 준 마음 절대로 못 바꾸오

그러니까 기도와 찬송만이 믿음 지키고
주님의 뜻을 받들 수 있다는 걸
누구나 깨달아 알게 하옵소서

주님!
제게도 이런 정한 마음 하나 주시어
주께서 예비하신 하늘나라…
주님께 평안히 들어갈 수 있게 하소서.

그가 주의 그리스도를 보기 전에는 죽지 아니하리라 하는
성령의 지시를 받았더니(눅 2 : 26)

설중매雪中梅 속의 성도님들

삭풍이 몰아치는 허허벌판에
꽃망울을 내미는 그 꽃, 성도님들
요셉이 형들에게 팔린 고난이 전한 말
흘러간 그 자리에 와서
해마다 환하게 미소 짓는 그 꽃, 성도님들
참으로 반갑습니다! 주의 말씀이 길이신 장로님,
믿음 앞에선 절대로 굽힐 줄 모르는 권사님,
기도와 찬송이 힘이신 집사님,
앳된 믿음 보란 듯이
절망에 휩싸인 이 땅의 하늘나라를
꽃으로 피우시니.

네가 죽도록 충성하라 그리하면 내가 생명의
관을 네게 주리라(계 2 : 10)

성도는

붉게 물든 이파리 시린 코끝에 떨어져도, 성도는 이 세상에 주님의 십자가를 세우러 돛배라도 타고 주님의 바다로 나아가야 하리, 내 앞을 가로막는 파도는 어느 굿판의 소고와 장구로 넘어야 하리. 그 근심 걱정과 두려움은 애마 타듯해야 하리. 히히 꽃눈의 얼굴을 지으며.

내 형제들아 만일 사람이 믿음이 있노라 하고 행함이
없으면 무슨 유익이 있으리오 그 믿음이 능히 자기를
구원하겠느냐(약 2 : 14)

우리 교회 조 장로님

경찰 공무원인 조 집사님은 주일이면
어김없이 교회에서 차량 안내를 하는데
나는 그분을 볼 때마다 자꾸
부끄러워진다

그 고단한 하루를 뚝, 떼어
주님께 바치는
그 아름다운 봉사와 그 믿음에서
교회의 예배가 더욱 빛난다

그 봉사의 이쪽과 저쪽 사이는
천국을 향한 순례자의 노래와 또는
천사의 손길이 켜켜이 쌓여 있는 것이기에
나도 그 환한 신바람 속에서
계속 머물고 싶지만 안 된다면
주일 하루만이라도 머물고 싶은 것이다

그러면 말뿐인 내 믿음과 내 발길에도
금방 화색이 돌 것이지만
그 이전에 나는 꿈속에서라도
내 맘을 빼앗은 그 모습 속으로
웃으며 웃으며 손 내밀면
나도 언젠가는 한결 나아진
내 모습을 보게 되리라.

부지런하여 게으리지 말고 열심을 품고 주를
섬겨라(롬 12 : 11)

12월 기도

모나고 각진 모든 오욕五慾을 폭설로
단번에 덮어주시듯
주홍 같은 저의 죄를 길이 참으시고
또 한 번 기회를 주셨사오니
이제라도 주님의 뜻을 깊이 상고하며
저 폭설에 파묻힌 보리로 살게 하소서
저무는 내 꿈과 내 일상을 주님께 맡기고
이제라도 주님을 위해 살게 하소서
이제까지 지내온 것 다 주님의 은혜이오니
늘 공경받고 늘 대접받는 세계로 나가기보다
늘 섬기고 늘 대접하는 세계로 나가서
이적지 내 힘으로써 풀려고 했던 모든 일들
주님의 말씀으로 풀면서
조금 더 순해지고 너그러워지게 하소서
저 눈 속의 보리의 암중모색暗中摸索이
나의 연가戀歌 되어

아아, 새해에는 주님과 이웃에게
꼭 쓰임 있는 자 되게 하소서.

악인에게는 많은 슬픔이 있으나 여호와를 신뢰하는
자에게는 인자하심이 두르리로다(시 32 : 10)

믿음의 실체

골리앗과 싸우러 나가는 다윗이
모든 전쟁은 하나님께 속했다는
그 믿음은 그 선포만으로도
새 찬양이다

자신의 믿음이 조롱받을 때
신앙의 선한 의분義憤을
품은 것만으로도
새 믿음이다

그러므로 이런 지조와
이런 기상이 없는 늙은 믿음은
동안 충성했던 것 다 헛될지도 모르고
윗사람 떠난 뒤 경례하는 것이고
차표 없이 버스 기다리는 것이다
아시겠는가? 믿음의 생애는

주님께 흐르는 강이다
기도와 찬송으로 노 젓는 쪽배이다
저 천국에 들어갈 때까지.

믿음은 바라는 것들의 실상이요 보이지 않는 것들의 증거이니(히 11 : 1)

예수 예수

어느 날 갑자기 삶에 지쳐 힘이 없을 때는
빨리 주께로 나오세요
나의 고민과 근심 덜어 주실 뿐만이 아니라
더 좋은 길 예비하고 계시니

예 수 예 수
우릴 한없이 사랑하는 주께로 빨리 나오세요
우릴 한없이 사랑하는 주께로 빨리 나오세요

내 힘으로 이룰 수 없는 일들을
주님께 맡기고 기도하면
참되게 사는 길을 일러주실 뿐만이 아니라
더 좋은 길 예비하고 계시니

예 수 예 수
우릴 한없이 사랑하는 주께로 빨리 나오세요

우릴 한없이 사랑하는 주께로 빨리 나오세요

아무 도움이 되지 못할 이 세상
더는 의지하지 말고 주께로 빨리 나오세요
어서 빨리 주께로 나오세요.

이 악한 세대에서 우리를 건지시려고 우리 죄를 대속하기 위하여 자기 몸을 주셨으니(갈 1 : 4)

좋은 약속

주님을 생각하면
슬퍼도 고마울 때가 있습니다
고마워도 슬플 때 있습니다

부족하고 죄 많은 날 사랑하신다는
주님의 그 약속은 정말 고마운데
너무 부족해서 부끄러울 때가 많습니다

말로만 주님을 사랑하는 사람은
제발 제 주제 파악을 했으면 좋겠습니다

주님을 사랑한다고 떠벌리다가
부지중에 주님의 영광을 가리기보다는
일상 속에서 주님의 사랑을 실천하는
그런 믿음을 가꾸고 싶습니다

지금은 드릴 게 찬송과 기도밖에 없어도
언제인가는 주님의 마음에 합한 자가
나도 될 수 있다는 그런 믿음을
주님은 아주아주 좋아하니까요.

참 마음과 온전한 믿음으로 하나님께 나아가자(히 10 : 22)

소쩍새

묵정밭에 갓 올라온 새싹에 눈 걸어놓은
소쩍새 한 마리
김 집사님 주일에 가게 문 닫고
교회 가는 발걸음이 하도 안쓰러워
어린 새싹 바라보던 그 눈으로
김 집사님 뒤쫓아오던 그 소쩍새,
김 집사님 외로울까 봐 소쩍소쩍 노래 불러
준 것도 고마운데
믿지 않는 가족을 위해 울며 기도할 때마다
소쩍새도 소쩍소쩍 울고 있었다.
믿지 않는 가족이 전부 교회에 나왔을 때는
그해 봄이었다
신이 난 소쩍새는,
기도와 찬양이 끊이지 않는 교회에다
동네 사람들을 마구 불러내기 시작했다.

복음에는 하나님의 의가 나타나서 믿음으로 믿음에 이르게 하나니 기록된 바 오직 의인은 믿음으로 말미암아 살리라 함과 같으니리라(롬 1 : 17)

좋은 믿음은

좋은 믿음은
사랑으로 나타난다
이웃을 위해 기도할 때나
연합하여 찬양을 드릴 때나
말씀을 나눌 때나

좋은 믿음은
향기로 나타난다
내가 연약할 때 내 손 잡고
날 위해 기도해 준 친구는
불 피우지 않아도 따뜻하다

내가 갈급할 때 들려주신
목사님의 말씀은
생각만 해도 배부르다

이런 믿음의 향기는
저절로 생기는 것인지
믿음의 수고와 그 기도의 덕분인지
그건 잘 모르겠지만
믿음의 향기를 맡을 때처럼
기쁠 때는 없다.

믿음은 바라는 것들의 실상이요. 보이지 않는
것들의 증거이니(히 11 : 1)

꿈쟁이여

허물어진 재물과 명예와 권력 때문에
많이 울기도 했을 꿈쟁이여
혹여 세상이 나를 속일지라도
주님만은 떠나지 말기를,
자꾸 눈물이 앞을 가릴 때도
믿음으로 꼭 극복하기를,
지금부터라도 모래성은 그만 쌓고
내가 영원히 잘 살 수 있는
주님을 위해 살기를,
나의 슬픔과 고통 기쁨까지도
주님이 새 주소가 되고 목표가 되기를,
어떤 비바람이 몰아쳐도 변치 않고
주님께 쭉 가는 것이 내 예물이고
내가 흘린 내 땀방울 개수가
장차 받을 내 상급이고 면류관이니
부디 힘내기를,

그러나 내 힘으로 가면
물거품이 되기에 십상이니
꼭 주님의 청지기로 가기를.

만일 누가 말하려면 하나님의 말씀을 하는 것 같이 하고 누가 봉사하려면 하나님이 공급하시는 힘으로 하는 것 같이 하라(벧전 4 : 11)

파도가 높은 날에는

가고 싶은 섬이 빤히 보이는데
파도가 높은 날에는
주님을 몰랐을 때를 기억하며
아브라함의 믿음을 꿈꾼다

근심 걱정이 물러가고
순교자들의 이야기가 들려온다
파도가 높은 날에는

주님을 만난 것처럼
주님께 어쩌고저쩌고 내 소원을 아뢰고 싶어
주님을 맘껏 찬양하고 싶어
나는 섬을 코앞에 둔 어부와 같이
파도를 탄다

소리 소문 없이 다가온 파도,

어느 날엔가 주님도
이렇게 날 찾아오고
이렇게 나도 부서질 수도 있다고
파도가 친다

나는 내가 파도인 것처럼
주님의 마음을 헤아려 본다
나는 파도를 보며 주님께
내가 얼마나 더 애써야 하는 가를
가슴에 새겨 본다
내가 파도의 마음에 들어온 것처럼
마치 주님을 만난 것처럼.

이 하나님은 영원히 우리 하나님이시니 그가 우리를
죽을 때까지 인도하시리로다(시 48 : 14)

눈

부엉이 울 때마다
말없이 흔들렸던 초록 나뭇가지
아침이면 방울방울 이슬
매달았지

부엉이야, 목마르지?
어서 와서 목 축이고
내님 어디까지 왔는지
소식 전해 주렴

해님이 그의 신발 바꿔 신고 있네
정말 속 터지겠네
달 덩실 오르면 저 부엉이 또 날아들고
부엉부엉 내님 소식
아직 들리지 않고,
빈 가지 끝에 부신 눈만

대신 걸리네.

(그것은 어쩌면 나 하나의 생각일 테지만 전도한 사람을 기다리는 사이에는 공공연한 비밀)

하나님이 전도의 문을 우리에게 열어주사 그리스도의 비밀을 말하게 하시기를 구하라(골 4 : 3)

산에서

바람이 지나가고 사라진 자리
그 얼룩을 씻어 주는 이슬을 보면
주님께서 날 위해 십자가를 지신
그 사랑의 만분의 일이라도 닮고 싶을 때 있다

키다리, 뚱뚱이, 홀쭉이, 그런 나무들이
제멋에 흥겨워 춤추는 것을 보면
펴질 대로 펴져 치렁치렁 늘어진 잎사귀 밑에서
기도라도 해서 통성 기도라도 해서
나의 나태한 믿음이라도 깨우고 싶을 때가 있다

주님의 걸작품인 산을 오르다 보면
아무 거리낌 없이 앞가슴 풀어헤치고
우는 아이 젖 물리는 어머니 같기도 하고
나의 부족한 무엇 하나 늘 채워주시는
주님의 사랑 같기도 해서

내 마음과 발걸음이 저 산꼭대기보다
주님께 먼저 가야 한다고
산새들이 아우성친다

주님이, 주님이 자꾸 그리워지고 있다.

내가 산을 향하여 눈을 들리라 나의 도움이 어디서 올까…
나의 도움은 천지를 지으신 여호와에게서로다(시 121 : 1~2)

신구약[*]

여보게, 황 사장!
자네 요즘 몸에 좋은 것 있다면
완전 소라 귀이던데
신구약 자셔 보셨소?
이 약은 너무 기똥차게 좋은 약이라
구약 37권 신약 27권에 들어 있지
그래 먹을 때는
눈으로 한번 쫙 먹고
가슴으로 한번 쫙 먹어야
약발이 서니
시든 꽃 이파리에 물 주듯이
시시때때로 먹어야
그 효능을 경험할 수 있지
믿고 안 믿고는 자네 자유지만
이 약은 전 세계적으로 너무 유명해

---

* 신구약: 성경책 구약 37권 신약 27권

전 세계적으로 제일 많이 팔린
약이라는 것만은
알아줬으면 좋겠어
어때 황 사장! 오늘 당장 사
자서 보지 않겠소?
이 약은 몸에도 좋지만
영혼까지 살이 찌고 맑아지니.

옥수수

옥수수를 먹을 때
고향이 그립지 않으면
국산이 아니지
어머니가 그립지 않으면
어른이 아니지

옥수수를 먹을 때
고향, 어릴 적, 추억이
자꾸 생각나면 큰일이다
어머니가 생각나도 버겁다
그러나 주님의 사랑이 그렇다면
곧 꽃이 필 거다

옥수수를 먹을 때
정다웠던 오솔길이 떠오르면 큰일이다
그런데 옥수수를 다 먹어버렸다

큰일 났다
그러나 주님의 사랑을 먹었다면
곧 열매 맺힐 것이다.

내 살을 먹고 내 피를 마시는 자는 영생을 가졌고
마지막 날에 내가 그를 다시 살리리니(요 6 : 54)

겨울나무

나
이제 추운 나라로
소풍 간다

젖은 장작에서 피는
매운 연기가
어둡다

그래도 추위 그거
김밥처럼 생각하고
외로움 그거
커피처럼 생각하면
아, 난 주님의 꽃씨,
땅 밑에 지렁이 친구 삼으면
주님의 호위 무사,
하지만 난 동토凍土

아무래도 한 두세 달 더
주님의 십자가를 묵상하며
나의 자아自我를 죽여야 하는
소풍이다.

고난 당한 것이 내게 유익이라 이로 말미암아 내가
주의 율례들을 배우게 되었나이다(시 119 : 71)

이 세상에서

이 세상에서
마음이 외롭고
삶이 곤고할 때
주님께 나오라는 신호랍니다

풀과 같은
이 세상의 욕심 때문에
상처 입어
아무 낙이 없을 때는
주님께 의지하라는 증거랍니다

무슨 일에도 만족이 없고
허무할 때는
마음이 온유하고 겸손하신
주님의 멍에를 메고
이 세상의 이치를

주님께 배우라는 뜻이랍니다

내 몫으로 준
짐
대신 저주겠다고 약속하신
주님은
신실하시기 때문이랍니다.

수고하고 무거운 짐 진 자들아 다 내게로 오라
내가 너희를 쉬게 하리라(마 11 : 28)

고백

주님을 높이는 데는 어떤 기교가 필요한 건 아니다. 주님을 높이는 데는 어떤 조건이 구비되어야 하는 건 아니다. 바다가 한눈에 들어오는 카페에서 친구와 커피를 마실 때나 오늘같이 문득 고향에 계신 부모님이 생각나 안부 전화를 드릴 때 그 시시콜콜한 이야기 속에서 주님의 향기를 풍길 수 있다면 좋겠지만, 그렇지 못해도 아무 문제없다. 기도와 찬송으로 교통할 수 있는 것만으로도 고맙기 그지없다.

내가 주님께 드리는 믿음의 고백도 마찬가지다. 주님을 왕으로 모신 내 가슴은 모진 비바람이 불어도 든든하다. 내 슬픔과 기쁨을 모두 함께 해 주시는 이름이라 부르기조차 황송하다. 아주 감사한 내 믿음을 흐리는 세상 욕심 때문에 늘 죄송하다.

주 여호와여 오직 주는 하나님이시며 주의 말씀들이 참되시나이다 주께서 이 좋은 것을 주의 종에게 말씀하셨사오니(삼하 7: 28)

제2부

우츄프라카치아

나의 면류관을 예비해 놓고 기다리는 천국

나의 고난을 주님의 은혜와 사랑으로 이겨낼 때
나의 면류관이 생깁니다
직장에서 승진하고, 하던 사업이 대박이 날 때
이것은 다 하나님의 은혜와 사랑이라고 할 때
나의 면류관이 하나 더 생깁니다
무엇이든 하나님 우선으로 할 때와 무엇이든 먼저
주님께 아뢸 때와 무엇이든 주님의 뜻을 구할 때
나의 면류관 하나 더 생깁니다
아시겠습니까? 고난 중에 드리는 찬양 속에도
천국이 있습니다
할렐루야! 나의 면류관을 예비해 놓고 기다리는
천국이 있습니다.

보라 내가 도둑 같이 오리니 누구든지 깨어 자기 옷을 지켜 벌거벗고 다니지 아니하며 자기의 부끄러움을 보이지 아니하는 자는 복이 있도다(계16:15)

참나리

오늘도 끊임없이 하늘로 자꾸 올라간다
야리야리한 그 꽃에 나비와 벌들이
자꾸 찾아와 같이 놀자고 해도
아무 말없이 하늘만 보고 하늘로 올라간다
저 연약한 꽃 어딘가에 천국의 계단이 있는가
끈질기게 올라간다
가끔 친구도 애인도 변하지만
영원히 변치 않는 것은 하나님뿐이라고
하늘을 향해 밤낮으로 올라간다
비바람이 몰아쳐도 올라간다
하늘 가는 길은 결단코 남의 눈치를
볼 필요가 없다는 듯이
눈 하늘을 향해 마구 치켜뜬 채 올라간다
실은
내가 주님께 가는 길도 그렇다.

단단한 음식은 장성한 자의 것이니 그들은 지각을 사용함으로 연단을 받아 선악을 분별하는 자들이니다(히 5 : 14)

진주

여보!
진주! 이게 우리의
만남이오(고맙기
그지없소)

이 변치 않는 것에
감추어져 있는 빛…
서로 존경하고
서로 변치 말자는 뜻이,
우리의 약속이오(나 그 약속
꼭 지키겠소)

여보!
어느덧
시집갈 나이가 된 우리 딸들이
이렇게 잘 큰 것은 다

주님의 은혜와 사랑이며
당신의 눈물과 기도와 땀이요
정말 고맙소

이 세상에선 흰 머리칼 염색해도
곧, 또, 하얗게 되는데…
당신은 우리 딸들을
저, 개펄의 조가비 안에서
그 모래와 불순물을
걸러내며 키웠겠지요
우리가 처음 만났을 때의 마음
그 첫 마음으로 키웠겠지요
그 인고忍苦로 키웠겠지요

여보!
수고 많이 했소

매우 고맙소

사랑하오.

지혜가 그의 집을 짓고 일곱 기둥을 다듬고(잠 9 : 1)

새벽기도 가는 길

내륙이 온통 환해지는 곳, 교회
가난한 마음으로
새벽기도 가는 길
닭이 운다
온몸에 이슬 내린다
앞집 옆집 개들이 컹컹 멍멍 짖는다
이것 또한 주님의 은혜요
선물인 듯
하늘엔 별들의 비단결 나래
땅엔 주님의 십자가 사랑 충만…
발걸음을 뗄 때마다
찬송이다
천국이다.

새벽 아직도 밝기 전에 예수께서 일어나 한적한 곳으로 가사 거기서 기도하시더니(막 1 : 35)

우리가 기도해도 시험에 들지만

기도 안 하는 사람보다 기도하는 사람이, 주님 마음을 잘 아는 것은 당연한 일, 그러나 주님을 잘 안다 해도 조금 밖에 알지 못한다, 그러기에 주님의 말씀과 기도가 내 삶에 녹아 나를 지배하지 않으면, 내 기도의 약발이 오래가지 못한다. 하지만 가만히 생각해보라, 기도하고 시작한 하루와 안 하고 시작한 하루가 어떻게 다른지를…….

시험에 들지 않게 깨어 기도하라 마음에는 원이로되
육신이 약하도다 하시고(마 26 : 41)

주님의 신부

혼인 잔치에 우리 만일 초대받지 못한다면
아침에 깨고 싶은 맘도 없으며
밝아오는 햇살 마주하는 기쁨도 없으리
나의 재물과 재능은 다 하나님이 주신 선물인데
우리 만일 나만 잘 먹고 잘사는 데 쓴다면
천국에서 주님을 만나는 기쁨을 결코 못 누리리라…
그러나 혼인 잔치 또한 기회의 시간이기에
하나님은 기름 준비 못한 자들도 품어주시어
회개하는 영혼은 사랑하는 주님 만나고
지옥 아닌 약속하신 천국에 들어가리라…
오직 믿음으로만 주님 안에 거할 수 있기에
하나님의 약속 믿고 나아갈 때
날 죄의 사망에서 건져낼 뿐만이 아니라
한 점 의심 없이 천국에 들어가리라!

천사가 내게 말하기를 기록하라 어린양의 혼인 잔치에
청함을 받은 자들은 복이 있도다 하고(계 19 : 9)

봄날

어느 날 자잘한 새 쑥 사이로
하얀 목련꽃이 바람에 떨어지는 것을 본
어느 집사님이 목사님께 이렇게 말했다

아직 초봄인데 꽃 모가지가 부러지네요
왜 이 꽃들이 벌써 모가지가 뎅강
부러지는지 모르겠어요

그 말은 들은 목사님이
조용히 이렇게 말씀하셨다
어쩌면 아까부터 날 살피고 계셨던 주님이
나를 꽃망울이라고 생각하고 계셨는데
꽃이 된 것을 보시고, 혀를 끌끌 차다가
날 위해 하던 기도도 다 하지 못하고 가신
그 발뒤꿈치에 걸려 부러졌을 수
도 있다고 하셨다

나는 그날 목사님 집사님들과 헤어지면서
나는 속으로 기도했다
어쩔꼬 어쩔꼬 내 교만에 주님 삐쳤다
내게 주신 주님의 사랑은 하늘 같은데,
주님 삐친 마음을 어떻게 돌리나?
내게서 돌아간 주님의 그 발걸음 어떻게 돌리나?
어쩔꼬 어쩔꼬 탄식하며 금식하며
주님의 첫사랑 회복하려고
애쓰는 그 기도는
오늘 밤에도 계속될 것 같다.

우리가 육신으로 행하나 육신에 따라 싸우지 아니하노니(고후 10 : 3)

공원에서

밤, 가로등에 더럽고
추한 내 모습이 낱낱이 드러난다
부끄러워 슬며시 눈을 감았다
그런데 누가 내 등을 토닥인다
앗, 주님이시다! 하고 얼른 눈을 떴다
주님은 보이지 않고 비만 내렸다
아아, 외로울 때 내리는 비는
기도하라는 비 일까?

혹시 주님이 날 내려다보고
계신 것은 아닐까 하고
주위를 두리번거려 보았지만,
주님은 안 보이고
풀 섶에서 풀벌레가 톡 튀어나와
천연덕스럽게 찌르르 찌르르 노래 부른다
풀벌레가 느닷없이 들려주는 노래는

내가 주님께 미처 드리지 못한 찬양일까?

그렇다 깨닫는 것도 주님의 은혜요
깨닫고 고치는 것도 다 주님의 은혜다
내가 자원해 주님 뜻대로 사는 것이
진정한 하나님의 뜻이고 축복이다
생에 부딪히는 문제마다
꼭 주님께 의논하겠다고 다짐할 때
유난히 밝은 달 두둥실
떠올랐던 밤이 있었다.

보혜사… 성령 그가 너희에게 모든 것을 가르치고 내가
너희에게 말한 모든 것을 생각나게 하리라(요14:26)

냉수 한 그릇
-사랑의 전도사 故 서후석 권사님

권사님의 믿음은 주님의 십자가 사랑에 빛나고 있습니다. 먹고 자고 일어나 일하는 하나하나가 모두 주님께 맞춰져 있어 나태한 믿음들이 본래의 길을 찾게 되었습니다

모든 사람이 돈, 돈 할 때 권사님은 주님의 나팔수이었습니다. 많은 사람이 먹고사는 일에 정신 팔렸을 때 권사님은 조금 남은 양식을 다 하나님께 드린 사르밧과부처럼 일평생을 사셨습니다

이사를 하면 대부분 교회를 옮기는데 권사님은 받은 직분이 아주 감사해서, 아주 먼 거리에서도 일찍 나와 이곳저곳을 살피시면서도, 그러나 자신을 전혀 드러내지 않는 그 모습은 오직 주님의 꽃으로 살고 싶은 자세이셨습니다

식은 믿음들이 주님의 영광을 가리고 있는 동안 권사님은 전도와 구제에 늘 앞장서신 모습은, 마치 주님을 시중드는

천사의 마음이기도 하였습니다

권사님은 아주 맑은 샘물이었습니다. 많은 사람이 가난한 자들을 업신여기고, 탈세하고, 투기하는 그들 보란 듯이 권사님은 공직에 있을 때나 은퇴해 오늘에 이르기까지 늘 빛이 되어 주셨습니다. 그 겸손과 사랑은 한마디로 오직 주님의 사랑을 실천하는 것만이 좋은 믿음이라는 것이었습니다

아아, 주님만을 위하여 살고, 주님 말씀대로 사셨던 권사님의 이 끝없는 헌신과 사랑은 우리가 끝끝내 돌아갈 고향, 하늘나라에 빛나고 있습니다. 권사님은 이 땅의 진정한 갈한 심령에 냉수 한 그릇이었습니다.

너희의 믿음의 역사와 사랑의 수고와 우리 주 예수 그리스도에 대한 소망의 인내를 우리 하나님 아버지 앞에서 끊임없이 기억함이니 (살전 1 : 3)

똥 같은 놈들은

요즘 주님의 영광을 가리고 전도를 가로막는
세습 목사, 빤스 목사, 친일 목사들 하는 짓이
하도 기가 막혀 어찌하면 좋겠냐고
주님께 간절히 아뢰었더니
아아, 주님께서 조용히 성경책을 안겨
하룻밤만 재우고 나면 안다고 하셨다
아침에 일어나서 그 성경책 치워버리고
제 맘대로 지껄이는 그런 놈들은 목사가 아니고
똥통에 처박아야 할 놈들이라고

믿음을 지키기 위해 순교하신 주기철 목사님께서도
요즘 똥도 분간 못하는 성도, 집사, 장로들에게
성경책을 안겨 하룻밤만 재우고 나면 안다고 하셨다
아침에 일어나서 그 성경책 치워버리고
똥 같은 놈들이 싼 똥을 똥이라고 못하고!
무조건 받아 처먹은 놈들은 성도가 아니고

똥통에 처박아야 할 놈들이라고

옳거니! 똥 같은 놈들은 똥통에 처박아야
한경직, 옥한음, 하영조 목사님의 복음주의가 살아나
막힌 전도의 문이 열릴 것이다
똥을 똥이라고 못하는 놈들을 똥통에 처박아야!
순교자들의 피와 땀이 들불처럼 번져서
교회가 교회다워질 것이다.

거짓 선지자들을 삼가라 양의 옷을 입고 너희에게 나아
오나 속에는 노략질하는 이리라(마 7 : 15)

주님 말씀으로 살자

형!
첫눈에 왜
가룟 유다가 생각날까?
(… … …)
얼른 생각이 안 나나 봐
아무튼, 형!
주님 말씀으로 살자
어려울 때마다
장차 돌아갈 하늘나라 생각하며 살자.
내가 만약에 먼저 하늘나라에 가면
형 자리 있나 없나 잘 보고 전화할 테니
옆길로 새지 말고 한눈팔지 말고
우리 주님 품속, 하늘나라에서 꼭 만나자
그리고 내가 꿈에, 하늘나라에 가 있었는데
형 내게 부조 오만 원 하던데
돌아오는 성탄절엔

주님께 한 백만 원 해
내게 있는 것 다 주님 것이니
형! 알았지
우리 이제부터라도
내게 주신 십자가를 감사히 받아지고
우리 꼭 하늘나라 가자
저기 저 첫눈처럼
하늘나라 가자
꼭, 꼭.

내게 주신 모든 은혜를 내가 여호와께 무엇으로
보답할까(시116:12)

우선 주님께 감사하세요

내게 고난이 찾아왔을 땐
우선 주님께 감사하세요
아닌 밤중에 홍두깨로 된통 대가리 한 대 맞듯이
고난이란 고놈이 갑자기 날 찾아왔다는 건
참으로 고통스러운 일이나
이건 어쩌면 우리의 범사를 주관하시고 관찰하시는
주님의 무슨 뜻이 있는 줄도 모르니
우선 감사하세요
그 우선은 주님 빽 믿고 나아간다는 믿음이고
그리고 그 감사는 이까짓 어려움이야
주님 자녀의 특권과 또 주님의 이름으로
넉넉히 물리치고도 남을 것이라는 믿음이니
내게 찾아온 고난을 물리치려면
우선 감사하세요
그럼 고난 고놈도 내 감사에 기죽어
그맘때 들려오는 80년대 가수

이남이의 노래 〈울고 싶어라!〉로
되레 울고 갈 것이다.

내가 가는 길을 그가 아시나니 그가 나를 단련하신
후에는 내가 순금 같이 되어 나오리라(욥 23 : 10)

사순절

해마다 이맘때쯤
죽을 수밖에 없던 나를 살리신
주님의 생生과 그 삶의 뜰에 서면

이름 없이 피고 지는 들꽃들도
까맣게 영근 씨앗을 물고서
부질없는 근심 걱정을 깨우고 있음이려니
아름답고 튼튼한 열매를 품고서
마른 가지에 젓 물리듯 품어 주고 있기도 함이려니

진실로 나의 구원이 되고 생명이 되는
주님께 나도 드릴 말이 있기도 했다

세상을 내 멋대로 걷다가 나도 모르게
오염된 가슴, 낡은 발길, 불평뿐인 혀 불러들여
주님 말씀 입히는, 기도드리는 기간이라고 할까

지체 말고 주님께 나가자
해마다 이맘때쯤 잊을 수 없는 사랑이 있다
주님의 십자가다.

아들이 있는 자에게는 생명이 있고 하나님의 아들이 없는
자에게는 생명이 없느니라 (요일 5:12절)

사순절이 돌아오면

나는 사순절이 돌아오면 베드로를 생각하게 되는데 오늘은 매화꽃에 앉은 나비 밑에 와 있었습니다.

나비는 베드로가 주님을 세 번 부인한 것을 내게 상기 시켜 주려는 듯이 매화꽃을 자꾸 들락날락합니다. 그런데 나비가 저렇게 날 수 있는 것은 네 번이나 허물을 벗어 냈기에 가능하다는 것을 (새삼)깨닫게 되었습니다.

그 뒤 내 십자가는 내 힘으로 지는 게 아니고, 주님의 은혜와 사랑으로 져야겠기에, 내게도 성령의 충만함을 주시옵기를 간절히 기도했습니다.

쉼 없이 그 기도 되풀이하였습니다.

그 뒤 나는 사순절이 돌아오면 세상을 내 멋대로 걷다가 나도 모르게 오염된 가슴에, 새 쑥, 새 냉이, 새 씀바귀같은 마음을 심으려고 애썼는데 그것은 모두가 그때 성령의 충만함을 구하던 그 마음과 별로 다름이 없었습니다.

그러나 웬일인지 내가 늙은 껍질을 뚫고 나오는 깨알 새순 같을지라도 주님 뜻대로 살지 않고 기도만 하면 아무 소용이 없음을 봅니다.

그래, 사순절이 돌아오면 걸핏하면 불평불만 잘하는 혀를 저 토담집 구들 같은데 꽉 집어넣고 기도합니다.

그러나 기도만 하면 언제 옛 버릇들이 튀어나올 줄 모르니 옛 습관에 하나님의 말씀을 입히는, 그렇게 기도하는 아, 가슴 환한 주에 잎새들 온통 십자가의 사랑에 물들어 기도 소리 찬송 소리 높아만 갑니다.

그는 허물과 죄로 죽었던 너희를 살리셨도다(엡 2 : 1)

서로 감사하라

-문한수 이혜인 결혼 축시

아주 멋진 꿈을 품은 두 사람이
아주 아름다운 꽃씨로 만나
둘이 하나 되었으니
서로 감사하여라
서로 감사한 꽃 피워라

서로 신뢰해 감사하여라
서로 존중하고 서로 존경해서
서로 변치 않을 부부가 되었으니
날마다 새로운 사랑
해마다 빛나는 사랑
감사가 넘치는 가정이 되리라

서로 사랑해 감사하여라
오늘보다 더 나은 내일을 위하여
전진 전진하는 기대와 소망

시련도 고난도 함께 헤쳐 나가라

서로 성실해 감사하여라
서로 함께하는 꿈
서로 함께 성실히 가꾸어서
우리 가정 너머 이웃까지
나누어 주고도 남는 일생으로
영원히 감사하여라.

나는 나의 사랑하는 자에게 속하였고 나의 사랑하는 자는 내게 속하였다 (아 6 : 3)

꽃과 벌이 되어

-양수찬 김해인 결혼 축시

하나님의 은혜와 축복 속에 결혼하게 되었으니
두 사람 이제 꽃과 벌이 되어
하늘 같은 열매를 만들어라
하늘 별 같은 열매를 만들어라

겸손하게 살아라
서로의 장점을 본받으며
서로의 부족한 것은 채워주고
서로 감사하며 서로 기뻐하며 살아라

서로에게 헌신하라
꽃과 벌이 서로 위하듯이
남편은 아내를 위하여 살고
아내는 남편을 위하여 살아라

아침 햇살로 살아라

작은 것이라도 이웃과 나누며 살아라
한평생 겸손하게 살고
한평생 명예롭게 살아서
한평생 빛나라

아내의 행복이 남편의 행복이고
남편의 행복이 아내의 행복이어서
온 가족들과 친구들도 행복한
행복의 전도사로 살아라.

그가 나를 인도하여 잔칫집에 들어갔으니
그 사랑이 내 위에 기로구나 (아 2 : 4)

날마다 해마다 부흥하는 가정
-신정은 이신영 결혼 축시

딸을 시집보내는 아비의 마음은 꽃망울 같군요
그건 교만하지 말고 늘 겸손하게 살라는 부탁이며
시부모님께 효도하며 하나님 제일주의로 살아야
내 가정에 꽃이 핀다는 말일 것입니다 -2014년 8월 30일

주님의 은혜와 사랑으로
둘이 결혼하게 되니
하나님과 친척과 친구와 지인 모두의
감사 찬양 기쁨이로다

주님을 주인으로 모시고 사는 가정은
가을 들녘에 가을볕 같고
막달라 마리아가 바친 옥합처럼
귀하고 또 귀하다

물이 높은 데서 낮은 데로 흐르듯

서로 존경하고 서로 존중할 때
가정에 평화와 안식이 쌓이고
서로 귀하게 여기고 서로 높일 때
가정에 행복이 흐른다

모든 일에 감사하면
감사할 일이 더 많아지고
내 소중한 것 이웃과 나눌 때
내 주님의 사랑 꽃이 피고
구름도 내 집에서 쉬어 간다

만복의 근원이신 하나님을 잘 섬기어
많은 축복과 사랑을 받아
내 집 너머 한라산 너머 이 지구 끝까지
주님 사랑 전하는 가정되리라
들어와도 복을 받고 나가도 복을 받고

날마다 해마다 부흥, 부흥하는 가정되리라.

나의 사랑하는 자가 내게 말하기를 나의 사랑,
나의 어여쁜 자야 일어나서 함께 가자 (아 2 : 10)

동경憧憬

성경책을 펼쳤지예. 그리고 열왕기상 17장에서 사르밧과부를 만났지예. 그리고 10절에서 16절을 지날 때 "사르밧과부가 쪼매 남은 양석까지 하나님께 드렸더니예 -'아싸리'- 그 과부의 시컴한 시상이 환해지고예, 떨어진 양석 통에 웃음꽃이 활짝피었타는 그 사르밧과부의 이야기 속에예……

지도예 풍덩 빠지고 싶어지예, 내가 사르밧과부인 것처럼 지도예 억수로 신나 캐쌌코마 그 사르밧과부처럼 주님을 찬양하면서예, 그 사르밧과부의 믿음에예, 단 하루만이라도예 살고 싶었지예, 그게 않되면예 하룻밤만이라도예 살고싶었지예, 사르밧과부가예 가진 것 다 드렸더니예, 절망뿐인 기도가예 찬양으로 바뀌고예, 이제까지 경험하지 못한 웃음꽃이 활짝피었타는 소식에 젖어예 그 믿음에 젖어예…….

여호와께서 엘리야로 하신 말씀 같이 통의 가루가 다하지 아니하고 병의 기름이 없어지지 아니하리라(열상 17 : 16)

꽃을 피우소서
-이우용 박찬숙 결혼 축시

첫눈처럼 만나
첫눈 같은 부부로 새로 태어난
두 젊은 꽃이여

서로 사랑해서 서로 감사한 꽃을 피우소서
서로 존경해서 서로 기쁜 꽃을 피우소서
서로 배려해서 서로 행복한 꽃을 피우소서

서로 믿음이 깊어서
모든 일을 기도로 시작하고 기도로 맺게 하시고
모든 일에 감사가 넘쳐서
일평생 누구도 떼어놓을 수 없는
꽃을 피우소서

하나님의 은혜와 부모님의 사랑이
곱하기되어

늘 기쁘고 늘 감사한
꽃을 피우소서

부모님과 친척과 친구들의 환호와 기대
아주아주 행복한 꽃을 피우소서
부디 빛 되게 사소서
부디 빛 되어 영광을 나타내소서.

우리가 일찍이 일어나서 포도원으로 가서 포도 움이 돋았는지 꽃술이 퍼졌는지 석류꽃이 피었는지 보자 거기서 내가 나의 사랑을 네게 주리라 (아 7:12)

성탄절

순종이 제사보다 나으니
동방박사처럼 내 생각과 내 고집을 꺾고
가던 길을 돌아갈 줄도 알아야 한다

우리의 구원과 축복의 통로이신
아기 예수님 탄생하신 성탄절 만세
아기 예수님 만세를 부르면서

이 기쁜 소식을 나 혼자만 간직할 수 없으니
우리들의 구세주 탄생을 널리 전파하기 위해서
목동들처럼 온 마음을 다해 산과 들에
예수님 사랑을 노래해야 한다

하나님은 대관절 내가 무엇이기에
하나님의 아들 예수님을 내게 보내셨을까를
생각하면서

나의 낡고 헤진 믿음을 손보는 날이다

그 감사와 찬송의 가사를 마구간에 써놓고
천군 천사들에게 작곡해 달라는
이 염치없음을
내 몸속에 가만히 놀고 있는 땀방울로
그 나태를 싹 씻는 날이다

날마다 크리스마스로 살기로 다짐하는 날이고
그 감사와 찬송으로 살기로 다짐하는 날이다
주님 앞에 서는 그날까지.

천사들이 떠나 하늘로 올라가니 목자가 서로 말하되 이제 베들레헴까지 가서 주께서 우리에게 알리신 바 이 이루어진 일을 보자 하고(눅 2 : 15)

주님께서 나와 함께해 주신다면

이 땅에서 아무리 잘 먹고 잘살아도 내 안에 주님이 안 계시면 나는 종이비행기입니다. 그러니까 주님! 주님께서 나와 함께 해 주신다면, 나는 외진 곳 산비탈 골짜기에 살아도 괜찮습니다.

달도 보이지 않는 캄캄한 한밤중일지라도 괜찮습니다. 주님을 목청껏 찬양할 수만 있다면, 나는 들풀로 살아도 괜찮습니다. 주님이 나와 함께해주셔서 그래, 내가 천국에 무사히 들어갈 수 있다면, 나는 평생 풀벌레로 살아도 괜찮습니다.

내가 사망의 음침한 골짜기로 다닐지라도 해를 두려워하지 않을 것은 주께서 나와 함께 하심이라 주의 지팡이와 막대기가 나를 안위하시나이다(시 23 : 4)

주님 마음에 들고 싶은데

실수해, 푹 패인 그 자리는 눈물로 메우고 가라. 비 올 땐 거기에 반듯이 내 흔적이 남게 해라. 하지만 그 흔적을 절대로 자랑은 하지 말라. 비는 눈치코치가 없어 마른 것을 일단 적시고 보자는 심보이니, 실수한 자리는 거듭 눈물을 뿌려주고, 또 주님 말씀도 넉넉히 뿌려 넣어 두어라.

이 율법책을 네 입에서 떠나지 말게 하며 주야로 그것을 묵상하여 그 안에 기록된 대로 다 지켜 행하라 그리하면 네 길이 평탄하게 될 것이며 네가 형통하리라(수 1 : 8)

개살구 속의 성도

믿음의 시련이다
그 시험이다

지금은 누구 하나
유심히 바라보지 않아도,
언젠가는 유용하게 쓰일 것이라고
나는 나를 바람이 불면 바람에 익히고
비가 오면 비에 익혔다

계속 가라, 쭉 가라
그리고 기도도 쉬지 마라

믿음의 의지다
그 시련이다

나는 좀 못 생기고

내세울 것도 별로 없다고 해도
나는 아주 소중한 사람이고,
또 유용하게 쓸모가 있다고
굳게 믿었다

이런 성도가 진짜 성도이다
할렐루야! 이런 성도를
주님이 제일 기뻐하시며
나중에 심히 창대할 성도이다.

네 시작은 미약하였으나 네 나중은 심히
창대하리라(욥 8 : 7)

주일 예배

세상 근심 걱정 같고
나온 사람들 가운데는
주님의 십자가 한번 쳐다보고 또 쳐다보다
주님의 한 없는 그 사랑 때문에
단번에 세상 근심 걱정이 열 길로
도망가 버렸다는 사람들도 있었네
그것참 무척 감사하고 신기했을 거야!

주님이 날 부르고 계실 때 가까이 가야겠지
실없는 세상 욕심이 날 지배하기 전에
어서 전심으로 주님만 의지해야겠지
우리의 생사화복을 주관하시는 주님께
세상 것 다 내려놓고 예배드릴 때
그렇게 온전히 주일을 성수했을 때
큰 축복받은 사람들도 아주 많았다네
그것참 무척 감사하고 신기했을 거야!

아, 주일 예배는 구원의 의미
주님이 내 주인임을 인정하는 것이다
신령과 진정으로 예배드리는 사람은
미리 천국을 경험한다.

하나님은 영이시니 예배하는 자가 영과 진리로
예배할지니라(요 4 : 24)

주님이 야곱에게 약속하신 말씀에는

"내가 네게 허락한 것을 다 이루기까지
너를 떠나지 아니하리라."

주님이 야곱에게 약속하신 말씀에는
내가 탄 원양어선을 기다리는 아내와
자식들이 있다

내가 모진 풍랑을 만나 고기잡이도 포기하고
귀향하다가 모진 고생을 하겠지만
아니, 내 아직 안 겪었고, 또 겪겠지만
이 말씀 속에는 내 아버지와 할아버지와
또 내 아들과 손자들의 길의 약속도
그렇게 들어있고, 들어있을 것이기에
이 세상 끝까지 주님 모시고 가야 한다
주님 말씀 따라가야 한다

파도가 친다. 배가 흔들린다

그러나 주님을 선장으로 모신 사람은 안전하다.

바다도 파도도 다 주님이 다스린다.

내가 네게 허락한 것을 다 이루기까지 너를 떠나지

아니하리라 하신지라(창 28 : 15)

전적으로 주님을 믿는 그것만이

주에 말씀이 내 눈이 될수록, 내 삶이 더욱 부요해
기도와 찬송이 나의 발이 될수록, 내 삶이 더욱 평안해
이성이 아니라 주를 믿는 믿음으로 나아갈 때
아골골짝도 쉽게 넘을 수 있으리라

주님께 내 귀한 것을 드릴수록, 내 삶이 더욱 풍성해
주님을 사랑할수록, 내 삶이 더욱 복되어
사람들 나 주의 자녀 됨을 더욱더 알리라

전적으로 주님을 믿고 나아가는 것, 오직 그것만이
날로 복 되는 우리 되게 하옵기에.

바울과 신라가 기도하고 찬송하매… 갑자기 큰 지진이
나서… 문이 곧 다 열리며… 모든 사람의 매인 것이
다 벗어진지라(행 16 : 25~26)

가을 기도

축복 주소서, 아버지 하나님이여
제 무명無名에 주에 이름표를 달게
나의 기도에 꼬까옷을 입혀 주옵소서
탐욕에는 부디 눈 감게 하시고
이성이 아니라 오직 믿음으로
모든 어려움 헤치게 하소서
길이 막힐 때 길이 참을 알려주시어
흡족하신 주님의 사랑 신뢰하고
주님만 쫓게 하소서
행여 주에 말씀을 벗어나거든 손길 주시어
주의 나라에 거름이 될망정
쓰레기는 안 되게 하소서
그리고 저 고운 단풍으로 천국에 들어가
길이 주님과 함께 살게 하소서.

우리는 낮에 속하였으니 정신을 차리고 믿음과 사랑의
호심경을 붙이고 구원의 소망의 투구를 쓰자(살전 5 : 8)

주님 잘 섬기기 위해서

나 같은 죄인도 주님 받아주셨으니

나는 이제 주님 잘 섬기기 위해서
세상에 조금 뒤처져도 괜찮고
주님의 말씀을 널리 전하기 위해서
나는 세상에 미련한 자가 되어도 괜찮소

나는 조금 가난하게 살아도
믿음 없는 부자보다 더 행복하니
주님 뜻대로 살기 위해서
세상에 바보가 되어도 괜찮고
주님의 영광을 드러내기 위해서
나는 세상에 눈멀고 귀먹어도 괜찮소

주님 십자가의 사랑을 내 맘에 품은
그 순간부터 나는

사막을 횡단하는 낙타 한 마리이었으니
그 좌절을, 내 치욕으로 삼을 줄 아니
나는 내 앞길이 비바람이라도 괜찮고
사막이라도 괜찮소.

우리가 살아도 주를 위하여 살고 죽어도 주를 위하여 죽나니그러므로 사나 죽으나 우리가 주의 것이로다(롬 14 : 8)

내가 아직 이 땅에 있다는 것은

저 바다로 막 뛰어가고 싶은데
나는 많이 부족해서
지금 냇물처럼 흐르더라도
주님 그리움이라면
나도 주님의 바다에 들 수 있다

깊고 넓은 바다로 노 젓는 일이
주님 사랑이라면
나도 주님께 잊히지 않는 기도와
찬송이 될 수 있다

나는 많이 부족해서
아브라함이나 요셉 같을 순 없지만,
주님의 말씀 따라가면
결국 천국에 이를 수 있을 것이다

내가 어렵지 않았을 때는
깨어 기도하라 하신 말씀이
시험에 들지 말라는 말씀인 줄 미처 몰랐다

내가 핍박받고도 기도하지 않을 때는
순교자 되기가 왜 그리 어려운가를 미처 몰랐다

그런데도 나는 주님께 가는 중이다
비록 나는 주님께 많이 부족하지만
저 고향 찾아가는 연어들처럼
나도 지금 내 고향, 천국으로 돌아가는 중이다
그래, 내가 아직 이 땅에 있다는 것은
주님을 모르는 이들을 주께 인도하는 일이다.

그러므로 너희는 가서 모든 민족으로 제자를 삼아 아버지와 아들과 성령의 이름으로 세례를 베풀고(마 28 : 19)

요단강

서서히, 내 인생을 이끄는
요단강,
내 꿈 끊이지 않게
한시도 멈추지 않고 흐르는
요단강

부자도 가난한 자도
모두 흐르는
요단강 속
끝끝내 돌아갈 내 고향 하늘나라는
기도와 찬송으로 들어가야겠지.

너희가 요단 물 가에 이르거든
요단에 들어서라 하라(수3 : 8)

여기는 어쩌면

성경 말씀을 감사함으로 읽다 보니 어느 날부터 그 말씀이 심장에 꽂혀 가슴이 아프더니 웬일인지 고맙고 기쁘고 눈물까지 나는 여기는, 어쩌면 주에 십자가 속일 것이다. 넓고도 간혹 좁은 주님의 사랑 속일 것이다.

주님만이 나의 왕이요 나의 구원이라는 고백이다. 기도하고 찬송하며 살아도 부지중에 죄를 지었어도 절대로 포기할 수 없는 천국 향한 꿈이다, 눈물로 진정으로 뉘우치며 천국에 들어가고 싶은 꿈이다.

주의 말씀은 내 발의 등이요 내 길에 빛
이니이다(시 119 : 105)

이런 시詩를 쓰는 시간이

겨울밤 내 시詩는
가끔 숯불이 이글거리는 아궁이,
거기에 묻은 고구마는 내 기도,
그가 익은 데서 찾는 내 향기는
역시 주님께 도달해야 할
내 찬송이었다

- 나는 고구마를 익히는 숯불이 되어야 해
  그리고 주님을 기억해야 해

사람의 길은 대부분
땅 위에서 시간을 보내지만,
믿음으로 주님께 가는 길은
결국엔 천국에 이른다.

나는, 지금, 비록,

숯불에 고구마를 묻은 시詩 같기도 하고
군고구마 파는 장수 같기도 하지만
전혀 불만 없고 도리어 감사 찬송뿐이니

나는 좀 춥고 외로워도
이런 시를 쓰는 시간이, 그 믿음이
내가 천국 가는 열차를 타는,
그 차표를 얻을 수 있는,
시간이 아닐까?

내가 주의 법도들을 작은 소리로 읊조리며 주의 길들에
주의하며 / 주의 율례들을 즐거워하며 주의 말씀을 잊지
아니하리라(시 119 : 15~16)

부활절 아침에

내 감사만큼 깊어지는
주님 사랑,
주님이 골고다에서 지신 십자가에는
온 인류의 사랑이 기거했다

세상 연락에 빠진 나에게
한 번쯤 화내셔도 좋으련만,

천국 소망 품고 사는 성도들 낙심할까 봐
끝내 입 꾹 다무셨다

빤쓰 목사 세습 목사 뉴라이트 목사들이
정치를 하겠다고
소동을 치기 전까지는,
교회마다 전도의 문이 활짝 열렸고
주님의 영광이 가득했다

머지않은 날
그 못된 그 거짓 선동에 다 넘어가면
사라지고 말 주님의 십자가 사랑,

더 외로워질 수도 없고
더 성숙해질 수도 없는
이 땅 이 민족, 이 교회를 위해
밤낮으로 기도하는
주님의 아들딸들을 위해
오지 않으시렵니까?

오시려거든 헨델의 메시아에
어깨춤추며 오십시오

내가 하는 모든 일이 다
잘 되기를 위해서가 아니라

나의 모나고 각진 것들이
거듭나기 위해 오실
주님을 기다리고 기다립니다

주님 향한 나의
'첫사랑을 회복하기 위해' 오실
주님을 기다리고 기다립니다.

그러므로 어디서 떨어졌는지를 생각하고 회개하여 처음 행위를 가지라 만일 그리하지 아니하고 회개하지 아니하면 내가 네게 가서 네 촛대를 그 자리에서 옮기리라(계 2 : 5)

하나님을 아는 것이

주님을 믿고 의지한다고 하면서도
거룩한 보람을 잃어버린 채
바람에 연연하다가
바람에 모든 것
둘러 먹고야 알았습니다
주님을 아는 것이 부동의 좌표인지를

욕심 속에서 욕심으로 가다가
앗, 눈에 익은 길을
한순간에 잃고 나서야 알았습니다
주님을 아는 것이 지식의 근본인 것을

구원자이신 하나님이여!
절망 속, 거기 갇힌 내 영혼이
이렇듯 뉘우침을 안고
주님의 말씀을 의지함은

주님은 참 빛이시기 때문입니다

핏빛 통곡으로
지금 내 가슴에 솟구치고 있는
주님의 십자가는 나의 힘! 별!
눈물 소나기처럼 쏟아드려도
못 갚을 은혜입니다

만경창파에 배 하나 띄우고
노를 저을 때
주님은 반짝이는 등대처럼
나의 목숨을 달라고도 않고
짐짓 바다만치 안내해 주시는
주님을 앎이 복이 옵니다

그래 나보다 나를 더 잘 아시는 주님께서

나를 귀히 부르시는 소리에
마음의 눈을 뜨고
영원한 하늘나라를 바라는 것이
진정한 참이 옵니다.

주를 아는 자들에게 주의 인자하심을 계속 베푸시며 마음이 정직한 자에게 주의 공의를 베푸소서(시 36 : 10)

순례자의 노래

믿음은 큰 눈물
아까부터 날 부르시는 주님을 따라가야지
이 발길 거두면
외로움의 별이라네

사랑은 뜨거운 눈물
어둠 속에서도 주님을 찬양해야지
이 찬양 거두면
허무한 별이라네

설렘으로 가득한
그 부근은 희미하네
그래, 멈출 수 없네
주님의 약속이 들어 있는 책
그 책이 내 유일한 힘이네
성경책.

하나님의 말씀은 살아 있고 활력이 있어 좌우에 날선 어떤 검보다도 예리하여 혼과 영과 및 관절과 골수를 찔러 쪼개기까지 하며 또 마음의 생각과 뜻을 판단하나니(히 4 : 12)

내가 기도하다가

내가 기도하다가
무릎에 굳살이 박히면
믿음에 눈이 생기고
그 믿음의 눈은
찬양이 되고

찬양은
감사가 되고

내가 믿음을 지키다가
업신여김을 받으면
하늘에 상이 많고

하늘에 상은
내가 사는 이유가 되고

장차 내가 받을 상은

천국이 되고.

그가 이르되 네 이름을 다시는 야곱이라 부를 것이 아니요 이스라엘이라 부를 것이니 이는 네가 하나님과 및 사람들과 겨루어 이겼음이니라(창 32 : 28)

구원에 확신 없는 믿음에는

구원의 확신 없는 믿음에는
구름과 바람이 어리고

구름과 바람에 찬양하는
참으로 우스운 성도

참으로 우스운 성도가
정성껏 드린 기도들

구름과 바람은
아무 데나 흩날리어서

짐승과 새가 주워 먹다가
우습다고 울고
맛없다고 울고.

너희 마음이 그리스도를 향하는 진실함과 깨끗함에서

떠나 부패할까 두려워하노라(고후 11 : 3)

주님의 이름을

얼굴, 자꾸 멀어지는 걸음으로 희미해지는 주님의 이름을 부엉이 달밤으로 자꾸 불러 보지만 그건 무슨 불만이 있어서가 아니라 내가 마땅히 지고 가야 할 십자가를 지고 골고다로 묵묵히 걸어가신 주님 발길에 눈 한번 맞춰보고 싶지만, 나는 아직도 홀로 부는 하모니카이어서, 나는 지금 이삭을 바친 아브라함의 발길을 취해서, 때를 정해놓고 기도했던 다니엘을 친구 삼아 달리고 달려가기 위함이다.

그곳이 아골 골짜기라도 외마디 함성으로… 아우성치는 마른 뼈들과 한바탕 소꿉장난하다가… 짬이 나면 주님께서는 언제 구름 타고 오시냐고 물어보기도 하고 또 지금 오고 계신다면 어디쯤 오셨냐고 소곤소곤 물어보다가 초봄 산골의 눈 녹은 물로 주님의 바다에 이르고 싶은 마음뿐인데……

이 갈증은 무슨 상급을 바라는 것이 아니라, 내가 믿고 의지하는 주님 말씀에 내가 바로 서 있나 없나 확인해보기 위해서다.

이 예언의 말씀을 읽는 자와 듣는 자와 그 가운데에 기록한 것을 지키는 자는 복이 있나니 때가 가까움이라(계 1 : 3)

나팔꽃 하나님

하나님은 욕심쟁이
가슴에 인 박힌 이름
한시도 잊지 못해
이슬 가득 찬 향기 날리며
뚜벅뚜벅 걸어 들어오시죠
가난한 자에게나 부자에게도

모두 다 떠나도 나만은
주님 곁에 남아주기를 소망하며
가슴에 맺힌 옹이를 기어오르는
주님의 발길은 나의 힘!
나의 하늘 이옵니다

수고의 헐한 삯도 받을 수 없는
허허벌판에서
씨줄과 날줄이 만나는 바다를 꺼내어

여태 흔들고 있는
주님의 손길은 나의 나침판!
나의 항구 이옵니다

가끔 나팔을 불어 무중신호를 보내는
주님은 무적霧笛*
그래, 살아가면서
한시도 잊을 수 없는
주님의 사랑은 나의 전부
감사 찬송 이옵니다.

시온에서 나팔을 불며 나의 거룩한 산에서 경고의 소리를 질러 이 땅 주민들로 다 떨게 할지니 이는 여호와의 날이 이르게 됨이니라 이제 임박하였으니(욜 2 : 1)

*霧笛 : 안개가 끼었을 때, 선박의 충돌과 같은 사고를 막으려고 등대나 배가 울리는 고동.

주께서 내게 물으신다면

주께서
너는 나의 무엇이냐고 물으신다면
(나는 주님의 보혈 피로 구원받았으니 주께 빚진 자입니다. 이 사랑 잊지 않게 성령의 충만함을 주시기 바랍니다. 주님!)

주께서
너는 내게 줄 것이 무엇이냐고 물으신다면
(나는 나를 주님이 날 택해 주셨다고 믿으니 주께 빚진 자입니다. 이 사랑 헛되지 않게 이 기쁜 소식을 전하는 발이 되게 하여 주십시오. 주님!)

주께서
너는 네게 무얼 원하는지 물으신다면
(나는 나를 주님께서 주님께로 향하게 하였사오니 환난 중에도 주님의 말씀 안에 거할 수 있도록 나를 꼭 붙잡아

주시기 바랍니다. 주님!)

내가 여호와께 아뢰되 주는 나의 주님이시오니 주 밖에는 나의 복이 없다 하였나이다(시 16 : 2)

주님은

주님은
내 모든 사정을 훤히 꿰뚫고 계시는
거울!
느닷없이 환난을 만나 뒤뚱거릴 때
따스하게 내 야윈 가슴을
어루만져 주시고
고민을 풀어주시는
열쇠!

주님은 나의 필요를 다 아시는
곡간!
나의 환난과 근심을 주님께 맡기기만 하면
날 위해 울어 주고 날 위해 기도해 주시는
말로 다 형언할 수 없는
안식!

주님 감사합니다
이제 저도 주님께 모든 것을 맡기고
주님 뜻대로 살겠습니다
기도하겠습니다.

주 하나님이 이르시되 나는 알파와 오메가라 이제도 있고 전에도 있었고 장차 올 자요 전능한 자라 하시더라(계 1 : 8)

교차로에서

돈이 최고라 하는 거리의 발 길이여
잠시 발길을 멈추고
발길에서는 욕심을 빼고
끝끝내 건너갈 요단강을 바라보자

서울 명동
그 한복판에서 먹고 마실 때는
어느 신사와 숙녀 못지않게 쾌활하다
그러나 인생의 밤이 찾아오면
불안과 공포의 노예로 전락할 수도 있다

그러므로 사후를 잊어버리게 하는
욕심 앞에서는
잠시 눈을 감고
눈에서 유희를 빼고
십자가에 달리신 주님을 바라보자

꽃씨를 심는 마음으로
왕을 만나러 가는 마음으로
그 뜨거운 전율로
천국을 바라보자

아브라함 같은 믿음은 없어도
소풍 가는 아이들같이
달콤한 마음에 싸여서
보이는 것 없고 잡히는 것 없어도
약속하신 말씀을 따라가다 보면
두 팔 벌리고 기다리시는 주님 계신다
그러니까 발 길이여
낮출 수 없고 높일 수 없을 때는
기도의 줄을 놓지 말아야 않겠는가

아아, 주님은 언제나 나를 기다리시고

아무 조건 없이 나를 부르고 계신다
그러니까 발 길이여
약속하신 말씀으로 가야지 않겠는가

우상에게 불신자에게 사탄에게
조롱받지 않게, 꺾이지 않게, 물리지 않게
파도보다 더 거세게, 바다보다 더 깊게
아직도 사탄의 궤계가 판을 치고 위협하는
이 어지러운 세상을 넘어서
가나안으로 가야지 않겠는가

주인 약속 가볍게 여기다 문 닫혀버려
땅을 치고 통곡하는 처녀가 되기 전에,
세상 것 분토같이 여기고
저 천국을 향하여 달려가야지 않겠는가

아주 감사한 마음으로

미소를 띠면서.

여호와는 가난하게도 하시고 부하게도 하시며 낮추기도 하시고 높이기도 하시는도다(삼상 2 : 2)

귀뚜라미에게

적막을 깨우는 자네 노래를 나는
동안 너무나 많이 무심히 흘렸네
내가 쓸쓸할 때 나는 혼자가 아니라는 듯
내 옆에서 알게 모르게 내 설움을 달래 주었는데
고마운 친구여! 정말 미안하고 고맙네
내가 외로울까 봐 시시때때로
홀로 빈방에 군불 지피듯
내 쓸쓸함을 훈훈하게 덥히어 준 친구여!
동안 고맙다는 인사도 변변하게 못 했는데
이번 기회에 커피나 밥 한 끼라도 사고 싶으니
내 집 근처를 지나갈 때 전화 한 번 주시게
천안 삼거리나 정선 아리랑으로 오지 말고
이젠 예수님 찬양, 예수님 찬양으로 오시게
아, 그리고 혹 자네가 바빠
오지 못할지라도 나는 자넬 생각하면서
지는 낙엽에 가만히 손 흔들어주면서

자네도 꼭 예수님 만날 수 있기를 기도하며
나도 앞으로는 기쁨과 소망이 되는
주님을 위해 살겠네.

내 율례를 따르며 내 규례를 지켜 행하게 하리니 그들은
내 백성이 되고 나는 그들의 하나님이 되리라(겔 11 : 20)

주에 십자가를 믿는 사람은

주에 십자가를 믿는 사람은
이 땅의 보물은 다 하늘에 쌓지
어렵고 힘든 일이 닥칠 때는
날 위해 십자가 지신 것을 생각하며
기도하며 찬송까지 하지

주에 십자가를 사랑하는 사람은
모든 일에 인색하지 않고 잘 베풀지!
그래, 그래, 칭찬도 자자하고
온 집 안에 웃음이 떠나지 않지!

주님 뜻대로 산다는 것은
사실은 참으로 어렵고 힘들지만
하나님의 자녀 된 것이 더 기뻐서
천국 시민이 된 것이 더 감사해서
낙심할 겨를이 없지

그래서 모든 것을 주께 맡기고 사니
늘 고맙고 늘 감사해서
늘 기도하고 늘 찬송하며 살지!

항상 기뻐하라 쉬지 말고 기도하라 범사에 감사하라 이것이 그리스도 예수 안에서 너희를 향하신 하나님의 뜻이니라(살전 5 : 16~18)

꽃 중의 꽃

주님이
모닝커피에도 피고
출근 때도 피는
꽃

주님이
눈빛에도 피고
발길에도 피고
대화에도 피는
꽃

주님이
평생
1+1=3이 되는
꽃.

그런즉 너희가 먹든지 마시든지 무엇을 하든지
다 하나님의 영광을 위하여 하라(고전 10 : 31)

삶의 기도

주님은 나의 행위를 다 아십니다
나는 부족하지만, 주님은 강하십니다
내 시대가 주님 안에 있사오니 주님!
진정한 열매는 주님 안에 있다는 걸 알게 하시고,
나 아닌 주님만 높이게 해 주십시오

내가 바랄 수 없는 가운데 주님께 택함을 받았으니
이제 조금이라도 그 은혜를 갚고 싶으니
주에 율례가 나를 떠나지 않도록 지켜 주십시오

주님을 위해선 어떠한 고난도 마다하지 않게 하시고
주님을 두렵고 떨림으로 섬기게 해 주십시오
절망과 고독의 날이 온다 해도 그 믿음 변치 말게 하시고
결코 찬양과 기도를 쉬지 않게 해 주십시오

저는 그것으로 만족합니다

내 가슴에 쌓인 발길을 주님께 맡깁니다
어둡고 깜깜한 제 삶이 주님으로 인하여 환해지고
세상 욕심이 주님을 사모하는 마음으로
점점 바뀔 것입니다
그리하여 저는 이 세상의 폐허를
두려워하지 않을 것입니다.

나의 모든 길과 내가 눕는 것을 살펴 보셨으므로
나의 모든 행위를 익히 아시오니(시 139)

우츄프라카치아

주님을 믿는 우리는 모두
죽기 아니면 살기로
주님 사랑하는 일만 남은 우츄프라카치아
이별은 꿈도 꾸지 말기를

등 뒤에 지고 온 무늬도 주님 하나
내려놓을 가슴도 주님 하나
걸어갈 길도 주님 하나
우리에게는 죽기 아니면 살기로
주님 사랑하는 일만 남았을 뿐

주님의 십자가 사랑을 느꼈던 첫 마음,
날 구원하시려고 고난 겪으셨던 그 사랑으로
나는 주님의 자녀가 되고 싶어
우리의 허물에, 날개에, 부피에
주님의 은혜와 사랑!

껴안음의 테를 척 두를 때까지
우리에게는 죽기 아니면 살기로
주님 사랑하는 일만 남았을 뿐

을숙도에 날아왔던
검은 새 흰 새 우르르 모두 떠나가도
어제나 오늘도 을숙도를 지키는
붙박이 물옥잠꽃 넋 놓아 보다가
그래, 우리가 닮을 것은
먼 나라 아프리카의
우츄프라카치아*
인연이 생명인 그 의미일 거라.

---

* 우츄프라카치아: 아프리카 밀림 음지 식물인데… "한 번 만져줬던 사람이 계속 돌봐줘야만 산다는" 속설이 있다.

제3부

밥

내가 영원히 사모할 주님

나 견디기 힘든 고난과 시련 중에도 주님을 찬송할 때(찬송할 때)
더 크고 더 좋은 길을 주시는 것을 보았네(보았네)
그 주님은 우리의 처음과 끝이시니 내가 영원히 사모할 주님
이제는 그 사랑과 은혜 넘쳐 나 주님만을 위해 살겠네

내 모든 계획 부서져 마음 쓰릴 때도 주님께 기도하면(기도하면)
더 크고 더 좋은 길을 주시는 것을 보았네(보았네)
그 주님은 우리의 생사화복을 주관하시니 내가 영원히 사모할 주님
이제는 그 사랑과 은혜 넘쳐 나 주님만을 위해 살겠네

주님의 사랑이 정말 고마워서 세상 것을 먼지처럼 여길 때(여길 때)

나의 십자가 잘지는 법 일러주시는 것을 보았네(보았네)
그 주님은 우리를 천국으로 인도하시니 내가 영원히 사모할 주님
이제는 그 사랑과 은혜 넘쳐 나 주님만을 위해 살겠네.

우리에게 향하신 여호와의 인자하심이 크시고 여호와의
진실하심이 영원함이로다 할렐루야 (시117 : 2)

아, 노무현!

“아무도 원망하지 마라. 운명이다”
이 말 하나 남겨두고
아침이슬로 시든 이파리에 물주 다 스러진
그 바보 같은 정신에 스며들고 스며들어
부자와 가난한 자가 서로 공존하며,
평화 속에 번영을 이루고자 했던 마음…
북한을 동포애로 변화시키려고 했던 마음…
그 노무현의 말년 생활, 이웃집 아저씨, 착한 농부
그 삶이야말로 참으로 살맛 나는 세상입니다

바보 대통령 그 착한 마음 따라
불의엔 정의를 앞세워야겠지
정의엔 사랑을 앞세워야겠지

하늘이 그를 너무 일찍 데려가서 슬픈 마음속…
그가 못다 이룬 꿈, 백성이 주인이 되는 세상…

가난하고 외롭고 쓸쓸한 자들의 친구…
바보 대통령으로 살다 간 노무현 전 대통령 여기
한 톨의 푸른 씨앗으로 잠들었지만,
그의 꿈, 가난한 자와 부자가 평등한 세상…
그 정신이야말로 참으로 빛나는 세상입니다
남북한이 공존공영하며 평화롭게
살기를 갈망했던 노무현 전 대통령
마음은 영원할 것입니다.

가슴에 난 불

책상에 앉아서 그대를 생각하오
스탠드 불빛에 어리는 그대 얼굴을
주섬주섬 모아서 이 글을 쓰오

그대는 까만 밤 별들만큼이나 빛나고
아름다우니 두 말이 가당하오
그러나 유난히 빛난 별도 쳐다보는 것도
하루 이틀이지,
3백65일 줄 창이야 누구라 좋다겠소.
그러나 하늘이 없었다면 구름이 없었다면
별도 싱거울 뻰, 기다림의 묘미도
어지간히 기특하오

그대를 그리워하는 일도 큰일이나
우리가 무엇이 되는 일도
참으로 큰일이오

문득 커피 한잔이 그리워 주방으로 가 불을 켜오
그러나 불도 나름이지 끌 수 없는
불이 오죽 많소?

가슴에 불이 나니, 가슴이 다 타간다
마침 내리는 눈雪에 불 끌 약藥 물어보니
첫만남 첫마음에 난 불이라
끌 약藥 없다 하오.

자작나무 그늘에 서면

자작나무 그늘에 서면
새소리에 주님의 목소리 들리고
바람 소리에 주님의 발길 들려서
아, 아련히 아련히도 들려서
하늘은 멀어지고 구름만 다가와서
내 가슴이 자작자작 탑니다

아, 주님 사랑 고마워서 주님 사랑 고마워서
이제라도 주님에게로 달려가서
나를 자작자작 자작자작
태우고 싶습니다.

자작나무 그늘에 서면
노루가 뛰어오고 산꿩이 날아서
어린 풀잎이 춤추다가 깨금발로
주님이 오실 것 같은 길을 쳐다보다가

바람에 이슬만, 이슬만 날리어서
내 가슴이 자작자작 탑니다

아, 주님 사랑 고마워서 주님 사랑 고마워서
이제라도 주님에게로 달려가서
나를 자작자작 자작자작
태우고 싶습니다.

키르케고르가 심천心川에게 보내는 마지막 편지

그대가 아직도 사막을 떠나지 못하고 오아시스를 찾고 있다니 다행이네. 그런 그대는 이미 사막의 낙타가 되었으니 꼭 자네 꿈에 닿기를 바라네. 1853년 10월

그대, 사막에 바람이 불면 모래는 낙타의 가슴까지 밀고 온다네. 그러나 오아시스로 가는 낙타는 그 모래를 이를 악물고 내뱉지 않고 되레 삼켜서, 그의 온몸은 오아시스의 기슭으로 출렁인다네. 그러나 스스로 원시元始까지 들어가 끝없는 치욕을 헤쳐 모래가 그 발을 더디게 하고 있네. 누구에게나 독기毒氣 하나쯤은 있어 나의 오류誤謬는 나의 꿈 가까운 곳에서 그 꿈의 독기를 잃은 것일 테지. 자네는 지금 죽음에 이르는 병 바로 절망하고 있는 자者들이 가장 가까운 곳에서 자네를 주시하고 있다는 것을 명심, 명심하기를 바라네. 서랍 속에서 자네가 일전에 인편으로 보내 준 일몰日沒 사진을 바라보고 있다네. 우리의 해원解冤을 적당히 타협하라고 속삭이는 일몰을 우리의 것이라고 할 수 있을까. 그 일

몰을 새벽으로 바꿀 때가 오아시스 입구라네. 그렇게 믿어 주게. 한 송이 꽃을 피우기까지는 이해와 존중과 눈물도 많으니까. 그대, 아무리 어려워도 끝까지 가는 게 사랑이고, 확신에 찬 사랑만큼 확실한 사랑은 없으니까, 지금 자네 발걸음은 낙타가 사막에서 내딛는 걸음걸음이라네.

곧 별들이 공중에서 사막의 여우로 떨어지기도 하는 밤이 찾아올 걸세. 자네가 모래 폭풍의 언덕에서 잠을 청하는 지금, 바라보던 하늘에 여우 그 음흉한 눈동자가 하늘과 땅에 비친 것도 어지러운데 지배하려고 발버둥 치는 것을, 이때 우리는 어디서 무엇으로 한 단계 더 높은 성숙한 사람 되어 다시 만날 수 있을까? 여우들이 다가와 먹이를 쫓다가 놓치고 떠나온 제 굴이 그리워 우는 밤이면 뱀과 독거미에게까지 그늘이 돼 주는 선인장이 자네로 보인다네. 믿음으로 출발했다는 자네의 그 믿음으로 가서 자네의 새벽을 좀 더 바라보다가 갈 수 있을까? 니체가 가져다주는 하나님이 없는 허무주의에 나는 협박을 당하고 있네. 훗날 자네와 나를 믿음의 사람이었다고 보아줄까? 우린 언젠가는 죽고 천국에서 만날 수 있겠지. 부디 한시도 멈추지 말고 오아시스에 찾아가서 허무와 절망을 아무도 모르게 개들에게 던져주게. 오직 믿음으로.

바람 속의 여자

한곳에 절대로 머물지 못하고 있는
제멋대로 왔다가 제멋대로 사라져 버리는 여자,
잊을 만하면 찾아와 야윈 가슴 후비고 마는
땀을 식혀주거나 돛배를 밀어줄 때가 생각나
한 번만이라도 안아주고 싶어 다가가면
온데간데없고 장미꽃에 가시만 보이는 여자,
그래, 도무지 종잡을 수 없는 여자,
그러나 그렇게 까탈스러운 게 매력인
그리운 여자.

샘물

아직 만나지 못 한 사람을 만나러 가듯이
샘물은 솟는다
못다 한 말들이 물에 실려 온다
물 안에 스며 있는 못다 부른 노래들,
어떻게든 올라가서 불러보려고
에덴동산 아담의 모습을 하고
찰랑찰랑 찰랑거리고 있다
멀리 사막의 낙타에 두레박이 비친다
저녁에 그냥 샘물을 보러 오는 눈들은
저녁에 그냥 잊힌다
철새들이 갈한 목마름 못 이겨 찾아와
맘껏 못 축이고 맘껏 놀다가 떠난 여기서
먹구름이 몰려오고 저 비가 내리기 시작했으리라
갇힌 노래, 어쩌다가 못다 부른 노래 같은 샘물을
끊임없이 솟아나는 샘물을
그대 그리움이라고 하면 안 되나

나는 무슨 대가를 바라고 솟는 것이 아니라
그대가 원한다면 그대 안에서 기쁜 마음으로
죽기 위해 솟는 것이기에.

벚꽃 위에 비가 내리면 뻐꾸기가 운다

새끼들을 다른 새의 둥지에서 키우는 뻐꾸기는
비가 오면 운다. 특히 봄날 비바람에 벚꽃 이파리가
후드득 떨어지면 제 새끼인 양 뻐꾹뻐꾹 운다
벚꽃 이파리가 비에 쓸려 하수구에 처박히니 운다
그렇게 화르르 타오르다가 화르르 지는 잎새들은
어서 빨리 바다로 가리고 뻐꾹뻐꾹 운다
나루에 묶여 있는 일엽편주一葉片舟,
그거라도 타고 어서 바다로 나가라고 뻐꾹뻐꾹 운다
이런 날엔 그 울음소리가 어머니의 울음소리 같아선지
그 우는 소리에 바다가 놀라 곤두선다. 파도가 춤을 추니
파도와 파도 사이로 길이 생기고 나는 걷는다
파도를 헤치는 뻐꾸기가 있다
바다로 바다로 마구 날아가는 뻐꾸기가 있다
다른 새의 둥지에 제 새끼를 맡긴 뻐꾸기 울음소리가
어머니 울음 같아선지
시원시원한 강물을 따라 뻐꾸기 새끼 한 마리 들어온다

나는 점점 빨라지고 빨라지고
뻐꾸기는 한껏 오르다가 내려온다
나는 뻐꾸기 새끼 속에 있고 뻐꾸기는 새끼는 내 속에 있다
벚꽃에 바람에 세게 불면 뻐꾸기가 운다
벚꽃에 비가 내리면 뻐꾹뻐꾹 운다
눈에 밟히는 이가 괜히 궁금해 뻐꾹뻐꾹 운다

화르르 타오르다가 화르르 지는 벚꽃 속에는 구슬피 우는
뻐꾸기가 있다.

정동진

-새해 일출

어둠 침침한 여명을 뚫고
내 사랑이 떠오른다
태산보다 더 높이
새보다 더 높이

내 전부가 떠오른다
그대를 향한
내 정열이 솟구친다

지난날의 칠흑의 어둠이 떠오른다
그 절망의 분노가 비상한다

아아, 희망과 절망 사이에서
한 송이 장미가 되고 싶은 저 몸짓,
가슴에 잠든 그리움이
잠든 꿈을 깨운다

그러나 봐라 봐라
제아무리 내 꿈이 크다고 해도
깨어있을 때만 환희에 젖고
내 꿈을 맞이한다.

이성기, 용기 형제와 남원 3·1독립만세의거 헌정식 축시

감축드립니다
일제의 핍박과 압박에도 전혀 굴하지 않고
분연히 일어나 외친 대한독립 만세 대한독립 만세
어둠의 골짜기를 깨우는 종소리였습니다
골짝골짝 구석구석
남원의 의義가 살아 숨쉬는 고동소리였습니다

어둠을 찢고 태양이 솟아오르듯
어둠의 땅에 의로운 빛을 뿌려
암울한 땅을 구국의 일념으로 개간한
외로운 나팔수여 고독한 선구자여

감축드립니다
임들의 눈부신 발자취는
소경을 인도하는 지팡이였습니다
날마다 바다로 흐르는 냇물이었습니다

날마다 새로운 출발을 알리는 뱃고동이었습니다

이제 임들의 행동하는 양심으로
새로운 출발을 다짐하리라
잠자는 정의를 깨우리라
잠자는 양심을 깨우리라

임들의 나라 사랑을 가난하게 안으리라
임들의 나라 사랑을 꽃피우리라
이 땅의 모든 위정자여 동포여
그분들의 사랑으로 새 힘을 얻으라

감축드립니다
임들의 높은 기상 춘향골 넘어 한라산에 흐르고
백두산에 다시 오르고 있습니다
남원 3·1독립만세 선열들이여 이 나라 지켜주소서
동포여 이날을 길이 빛냅시다.

눈 오는 날

1

눈 오는 날은
그리움이 빈 벤치가 된다

다정했던 그 얼굴이
그 벤치에 소복소복 쌓이면서

공원을 지키는 가로등처럼
내 눈에 서 있네

2

눈이 오면 당신이 올 것 같다
데이트는
눈 오는 날 하는 줄 알았기에.

해국

해국은 바다를 하루라도 안 보면 안 되는 병에 걸렸는가 오늘도 절벽 한 귀퉁이에서 마구 바다로 뛰어내리려고 몸부림친다. 발이 없어 한 걸음도 움직일 수 없는데 오늘도 어김없이 훽 확 뛰어내릴 데를 찾는다. 해풍이 시시때때로 후려쳐 귀가 먹먹하고 눈 흐릿해도 한사코 바다로 그 여린 이파리를 들어 올린다. 저 여린 이파리 어디쯤 말 못 할 한恨이 숨어 있는지 그 처치 못 할 줄기를 타고 아찔한 절벽의 욕망을 바다로 흔드는 해국은 제 이파리에 연서戀書를 써 지나가는 바람이든, 밤을 잊은 채 철썩이는 파도든 어디에나 연서를 날리다가 야위어 가는 제 몸까지 바다의 마음을 사로잡은 도구로 삼는다.

동대문 새벽시장

새벽시장으로 모여드는 발걸음에서
꽃망울이 올라오는 소리가 난다
커피 파는 아주머니의 수레에서 그 꽃잎이
그 수레를 밀 때마다 조금씩 올라온다
지방 상인들의 짐을 지고 가는 아저씨들은
그 짐을 꽃 몽우리 같은 아들딸로 생각한다
날이 밝자, 지방 상인들의 옷 보따리가 버스로
꽃 대공처럼 올라온다

지방에서 밤새 달려와 새벽 장을 본 상인들은
꽃망울로 제 가게로 돌아간다
밤새 어둠을 뚫고 달리는 차 안에서
한 옷 보따리가 코를 드르렁드르렁 고는 한 상인을
한 꽃잎으로 바라본다
그는 잠 속에서도 옷 보따리를 생각하는 건지
손이 구부러지고 있다

꽃망울이 피기까지를 견디는 일이다 꿈이란
한 꽃을 가꾸어나가는 일처럼
내 눈과 머리칼과 귀와 코와 입과 손과 발마저도
꽃망울이 되어야 한다는 것

장을 다 본 꽃망울버스들이 한 대 두 대 떠난다
열매 속으로 가거라 꽃망울들이여 언제까지라도
내 일찍 보았나니 꽃을 가꾸는 사람은
어떤 비바람에도 굴하지 않는다.

커피에

커피에 그리운 얼굴이 어릴 때는
슬프고 안타깝고 괴로웠던 때는
아예 아예 생각을 마라

그 사람의 향기 때문이거든
즐겁고 행복했던 때를 기억하고,
잊히지 않는 추억 때문이거든
미처 하지 못한 말을 생각해 보아라
내 삶의 밑거름이 될 것이고
또 내일의 거울이 되리니

향기는 스스로 변하지 않는다
추억도 스스로 변하지 않는다

오! 커피, 커피, 커피
그 진하고 향긋한 정은

몸은 떨어져 있어도 마음은 같이 있다
제 천명을 다할 때까지.

9월엔 그대를 코스모스 역에서 기다리겠습니다

9월엔 선잠 깬 풀벌레처럼 그대를
코스모스 역에서 기다리겠습니다
아주 그리운데 아직 만나지 못한 그대는
내 가슴속엔 언제나 푸르릉 날아가는 고추잠자리이기에
이승 건너가던 바람까지 내 서재에 몰려와 시를 쓰고 있고
종이비행기 같은 시절들 보란 듯이
빵 빠앙, 기적소리가 어둠의 안쪽을 파고들고 있기에, 그리고
쭉 뻗은 철길 위에 코스모스 하늘거리기에
9월, 바람도 잠자고 햇살 아늑한 날엔, 그대도 내가 보고 싶어
코스모스 역으로 오실 것 같아서
바람도 잠자고 햇살 아득한 날엔 코스모스 역에서 그대를
어미 잃은 양처럼 기다리겠습니다
여태 그 바람이 그 시 탈고 못하고 내 서재에 있는 걸 생각하면

며칠 굶은 사람처럼
짬뽕 한 그릇을 후딱 비우고 싶습니다
9월엔 그대를 코스모스 역에서 꼭 한번 만나고 싶다고
그렇게 제 그리움을 달래고 있습니다
나의 등 뒤에서 누군가, 그렇게 그리우면
올 9월엔 코스모스 역에서 꼭 한번 만나라
그러나 바람으로 헤어지지는 말라
그런 소리 들었다고 하면서
9월, 바람도 잠자고 햇살 아늑한 날엔, 코스모스 역*에서
그대를 기다리겠습니다.

---

* 코스모스(북천)역 : 경남 하동군 북천면 경서대로 2347에 있다

미망未望

이슬비가 꽃밭을 지나갈 때
그대와 나 사이를
시든 이파리로부터 느낀다
그리움은 그런 것이다
나는 없고 그대뿐인 것

백 호가 누구 하나 애 터지게 불러도
삼각지 로터리엔 비, 비만 내리는
이런 캄캄한 곳에선 아침을 음모해가는 것
어둠 찬 골목에선 간절함으로 길을 낸다

낮에 해가 하던 대로 그림자를 따라가다
밤이 되면 달맞이꽃 가슴으로 들어와
제 발길을 옮기는 각시나방의 분가루가 되고 싶다

눈물이 된 길이 아른거린다는 것은

이제껏 경험하지 못한 시간 때문일까
항구港口 무렵은 언제나 파도가 거세다
보여줄 길 없는 내 가슴이
가파른 언덕 등대에서 잠시 빛난다

나는 오늘도 마라톤 선수로 잠이 들 것이다
아침에 다다르지 못한 햇살같이
영겁永劫의 비늘에 수手를 놓을 것이다
씨앗처럼.

첫눈

산골 오두막 적막을 단숨에 깨우는 첫눈을 보고, 첫사랑을 생각하는 사람의 가슴은 깊다. 푹푹 빠지는 그 눈 속에서 그 사랑을 찾아 이리저리 헤맨 사슴의 흔적을 보다가 나는 약간의 정성이 더 필요했다. 지난가을 우리 담을 넘어온 감나무 가지가 몹쓸 바람에 시달리며 안간힘으로 지킨 이파리 하나가 못다 부른 노래에 채색이 된다. 그 긴 노래들이 가지에 쌓인 눈에서 우수수 떨어진다. 녹으니, 컴컴한 숲에 숨어 있던 늑대 이빨이 줄줄 흐른다. 새벽이슬을 맞은 갈대들이 흐트러진 몸을 추스른다. 사슴은 숲에서 외로움보다 그리움으로 나온다. 그러나 눈雪은 그냥 내린다. 그러나 첫눈은 수년이 흐른 뒤에도 가슴 한쪽에 꽃망울로 남아 있을 것이다. 그때 가만히 내리는 첫눈을 주어 그대에게 손키스를 날리는 나는 사랑에 흉터를 남기는 것은 의지 때문이 아니라 정성이 부족했던 탓이라는 것을 알게 되리라. 켜켜이 쌓인 눈에 바람이 지나간 흔적도 보이고 목마름을 견디며 버틴 푸른 발길도 보인다. 온도가 상승하면 사슴이 그 사랑을 찾아 헤맨 그 자리에 꽃잎 하나가 어둠을 빠져나온다. 아시겠는가. 사랑의 온도가 내려가지 않았다면 누구에게나 첫사랑을 꽃 피울 자리는 있다.

1월

온갖 상처들을 단숨에 덮어버리는 눈雪이 될래요. 내일이라는 말에 감사하며 절망의 품속에서 피는 동백꽃에 내 발길을 얹을래요. 지체하지 마세요, 나를 통과하는 당신의 발길을 보고 싶어요. 한시도 멈출 수 없는 나는 눈 쌓인 얼음장 밑에서도 당신이 나를 지켜보고 있다고 건겠어요.

나는 아직도 꽃 뭉우리예요. 내 부족함을 인정해야 하는 인정하지 않았어요. 당신도 가끔 날 외면한다는 걸 알아요. 이제는 내가 웃음을 드릴게요. 당신이 잘 가는 꽃집에 오래도록 갇혀 있을게요. 온 대지가 당신과 나의 사이처럼 꽁꽁 얼어 있어요. 그러나 저 눈도 언젠가 빅뱅 하겠죠? 그러니까 얼룩진 내 발길에 수북이 쌓인 눈! 꽃이라 불러야 해요. 그러니까 나는 당신 피우러 온 거예요. 나는 멈추지 않을 거예요.

아무도 막지 못해요. 나는 꽃망울을 앞장세운 발걸음이니까요.

별똥별

왜 나는 당신이 그리우면 눈물이 날까?
당신이 너무 보고 싶으면
왜 나는 이 그리움 확 버리고 싶을까?

홀로 그리워하며 홀로 눈물이라 그럴까? 사무치게 그리우나 너무 오래 버려져 그럴까? 나는 점 점점 작아지고 잊히고 있을 때 쓰던 시詩가 죽었다. 그대에 대한 애정 때문에 나는 점점 미쳐가고 있다는 말을 들었다. 이럴 때는 어떻게 해야 하는지 자세히 말해줄래? 요즘은 구름도 자꾸 날 가로막아 나는 아직 살아 있는데 마치 죽은 듯이 여기어

그래 나는 이 몸이 티 하나도 없이 사라질 때까지
아까부터 날 그렇게 울린 쪽으로 날아가
눈물 한 방울 건네주려고 간다
잠깐이라도 빛이 되려고 간다.

늦은 밤

하루가 저물고 있는 늦은 밤
커피에
내 그리운 한 얼굴이 그만, 갇혀
참 착하고 따듯한 추억을 풍긴다

그래서
그대와 비슷한 사람만 봐도
내 위에 눈이 내리고
난로 위 주전자 물이 끓었다

그래서
내 마음의 풍경이라도 찍어서
나를, 나만이라도 깨우고 싶어서
어느 늙은 사원으로 들어갔어도
그대의 향기는 이곳에서도 난다

향기가 흩어진다
그리움은 사랑에서 온다
그냥 혼자 그리워하면서
또 혼자 말없이 기다린다
우리는 아무 약속이 없는 사이
그러나 그대의 모습이 커피에 어리면
그댄 아직은 커피!
그 진하고 향긋한 순결이다.

소묘

비 오는 창가에서
비에 바다를 그렸습니다

아직 바다에 이르지 못한 돛배가
자기도 거기에 끼어 달라고 아우성칩니다
마침 비 그친 뒤 뜬 무지개처럼
그 오색에 스며들어
아직 닿지 못한 곳에 다리를 놓아봅니다
그림은 어느새
한시도 쉬지 않고 날갯짓하는 갈매기
바람에 기댄 돛배
나의 항해를 위해 기도하는 애인
밤을 잊은 채 철썩거리는 파도가 됩니다

개화를 막 앞둔 꽃망울과 같이
제 길 따라가는 시간

꽃망울이 아침이슬에서 눈 떠 무지개색으로 퍼지자
한순간 그리운 얼굴 하나가
그 꽃망울에 깊숙이 빨려들었다가
확 핍니다.

쇠똥구리

어느 날부터 쇠똥구리가 쇠똥을 밀고
날마다 사무실에 찾아왔다
쇠똥구리는 밀린 일감을 밀기도 하고
치우기도 하면서
절망에 빠져 있는 과제들을 끌어냈다

주저앉지 않고 계속 가면 그의 끝이 보이고
그 숙제도 이뤄낼 수 있다는 듯
서두르지 않고 천천히
자신의 꿈을 똘똘 뭉쳐
끌고 미는 쇠똥구리
쇠똥구리 쇠똥에서
내 사무실은 숨을 쉬었다

사업은,
어떠한 난관도 두렵지 않은 쇠똥구리가

모티프가 되었다

지치고 힘들 때마다 그의 쇠똥에서
무지개가 솟구쳤다
그 뒤로 절망은 힘을 잃었다.

쓸개 빠진 놈이라고

며칠 전부터
갑자기 열이 많이 나고 온몸이 후들후들 떨리더니
이튿날은 더해
119타고 종합병원 응급실에 가서
(코로나19 검사를 했는데 다행히 음성)
그래도 열이 40도를 오르락내리락해
해열제 투약 후 전신 CT를 찍어 봤더니
아! 암초에 걸려 좌초된 난파선이 담석에 박혀 있고
쓸개에도 그 파편들이 여럿 박혀 있는데
녹슨 잠수함 한 대가 그 밖으로 나오려다가
막혀, 열받고 있다.

그냥 놔둘까 말까 주저하다가
3일에 걸쳐 시술과 복강경으로 모조리 떼 냈다
한 사나흘 죽만 먹어도 감사한 이곳은
주님 품속인가, 기도 속인가, 찬송 속인가?

혹은 주님의 십자가 속인가?
주님의 보혈 속인가?

아마 가끔 아픈 배꼽은 느낌으로 알았을 것이다
노트북을 열고 쓰던 시詩를 쳐다보는 눈빛을,
수술 들어가기 전에
그는 그 시 속에서 내 믿음을 읽었을 것이다
그날 밤도 따끔따끔하게 고통을 주는 그는
허파에 고인 바람을 마시고
다음날 토하는 소설을 썼을 것이다
(명색이 시인인데 쓸개 빠진 놈이라고 주님을 잊으랴? 시詩의 정신은 잊으랴?)

죽이 밥으로 바뀌고 나서 그는 나에게
침대를 절반으로 할인해 줄 테니
좀 더 머물라고 꼬드겨도

딸들과 누이의 따뜻한 위로를 침대에 내려놓고
택시를 타고 아파트로 돌아왔다.
거실에 고무나무와 난蘭이 환히 웃고 있고,
아내가 끓여 준 낙지 삼계탕을
아무 일도 없었다는 듯 맛있게 먹었다.

바다에서

뱃전에 부서지는
물보라만 이고 사는
부초浮草 위로

갈매기 눈물 한 방울
뚝 떨어지고

그 눈물에 스르륵
퍼렇게 녹은 바다
그립다며 우우 일어서고

나는 그 그리움 속으로
손 내밀고.

밥

아까부터 눈 빠지게 기다리네
어서 오시게, 허기들이여
똥 되는 일을 슬슬 피하면서
썩어 문드러진 고약한 냄새만 뺑! 펑!
밀어내 주길 바라는 얌체들이여
아무 대가 없이 베푼 정성들이여, 어서 오시게
물로만 배 채우던 시절이여
어서 오시게, 내 현재와 과거의 힘들이여

자네에게 나 사랑스러워?
뭐가 부족해? 물어보지는 못했지만
오늘처럼 비가 오는 날에도 기다리네
캄캄한 밤에도 문 열어놓고 기다리네
언제 어느 때라도 편히 오시게
나의 사랑과 정 밥에 사네.

제4부

외할아버지 기도

흙침대

단비와 열매를 임신한 딸이 출산 2달을 남겨놓고 창원으로 내려온다는 소식을 듣고, 흙침대를 사면서 이게 아비 맘이다 싶었다. 딸 "편안한 휴식과 산후조리" 뭐 그런 맘, 딸이 내려 올 날이 가까워지자 나는 많이 설레었으니까, 아까부터 정말 딸을 기도하는 마음으로 기다렸으니까 오늘 그 침대를 사 집에 들여놓고 누워 봤다. 침대 가득 손주들 눈망울 가득했다. 손주들 재롱도 들려왔다. 침대 밑, 아기 띠 두 개도 환히 웃고 있다.

너희 자녀들아 와서 내 말을 들으라 내가 여호와를 경외하는 법을 너희에게 가르치리라(시 34 : 11)

별들이여

우리 외손주와 손녀는 별이에요
하나님의 은혜와 사랑으로 내게 온
아주아주 사랑스러운 별이에요
유난히 크고 유난히 밝고 밝은
기쁨과 감사가 넘치는 별이에요

내 감사와 찬송이 되어 준 별들이여
내 일평생 기도가 되어 준 별들이여
내 죽음으로도 다 사랑하지 못할
내 사랑들이여

나의 별들이여, 잘 왔다, 고맙다
두 손 들어 열렬히 환영한다

어서어서 무럭무럭 자라서
주님을 기쁘게 하는 자가 되어다오

너희들은 우리의 믿음에서 기쁨까지
환하게 건너온 주님의 선물이니까
이 세상의 최고의 선물이니까
내 생명이 붙어 있는 한 사랑하리라
죽어서도 너희들을 사랑하리라.

나의 혀가 주의 의를 말하며 종일토록 주를 찬송하리이다(시 35 : 28)

재롱

사랑하는 외손주 손녀야!
너희의 재롱을 보는 순간,
내 잃어버린 웃음이 냉큼 돌아와서
아주아주 기쁘고 무척 행복하구나

사랑하는 외손주 손녀야!
너희가 한발 한발 뗄 때마다
귀여운 냄새 쏟아지는 소리
행복한 냄새 쏟아지는 소리
그 소리 깨소금 볶은 것 같아서
그 기쁨이 하늘 같구나

사랑하는 너희는 아느냐
외할머니 외할아버지가 너희를 위해
감사기도 올릴 때 키가 컸고
외할머니 외할아버지가 찬송할 때

몸무게 나날이 늘어났다

우리의 사랑은 천륜이다
모든 것 다 주어도
하나도 아깝지 않은 것은
너희들뿐이다.

주의 종들의 자손은 항상 안전히 거주하고 그의 후손은
주 앞에 굳게 서리이다(시 102 : 28)

백일

외할아버지가 되었다는 것은
너희를 위해 기도하라는 말인 것을
신주안, 네가 아팠을 때였다

주안 라희, 너희 남매, 쌍둥이가
BCG 예방접종을 하고 열이 안 내려
밤새도록 얼음찜질을 하는 것을 보며
너희는 하나님의 선물임을
새삼 깨달았다

외증조할머니, 외할머니, 네 이모
내가 밤에도 졸지 못하는 닭 한 마리로
너희의 울음을 달랬던
우리의 감사한 그 육아 전쟁에
찌는 듯한 더위도 도망갔는데
너희 외할머니가 지쳐 쓰러져

병원에 입원했으나, 곧 퇴원한 것
하나님의 크신 사랑이리라

사랑하는 외손주 주안아!
사랑하는 외손녀 라희야!

아까부터 너희는
우리의 기도와 별이 되었으니
너희는 내일 사과나무를 심어라
하나님의 나라와 이 민족을 위하여.

진리를 사되 팔지는 말며 지혜와 훈계와
명철도 그러할지니라(잠 23 : 23)

첫 생일

언제나 네 편이 될 것을 약속한
뜨거운 기도가
온 가족들로부터 들려온다
이런 기도가 없으면 너무나 외로우리라
이런 기도와 이런 사랑을 잊어버리면
장차 어른이 되어서도
불평과 불만만을 보게 되리라는
첫 생일이다
-네네 늘 감사하고 늘 찬송하며 살겠어요

매사에 하나님을 앞세우고
늘 주의 말씀 안에서 살면
행복 가득한 그 웃음소리가
너희 앞길에 끊이지 않으리라
우리 집의 꽃인 주안아! 라희야!
씩씩하고 건강하게 자라다오

온유하고 겸손하게 자라다오
그렇게 살면 너희들의 미래가
밤하늘에 별 같이 빛날 것이고
도움을 받는 사람이 아니라
베풀고 사는 사람이 될 것이라는,
첫 생일이다.
-네네 늘 빛과 소금이 되려고 애쓰겠어요.

너희는 세상의 소금이니 소금이 만일 그 맛을 잃으면
무엇으로 짜게 하리요(마 5 : 13)

주안이에게

주안아!
네가 책을 읽어주면
아주아주 좋아한다고 해
나는 너를 더욱 사랑한다

어려서부터
책을 가까이하면
장차 거짓은 강물에 흘려보내고
지혜는 맑은 샘물로 다가올
너를 위하여 기도하며
지난여름 그 가뭄에도
목마르지 않았다

주안아!
책을 가까이해서
견문을 넓히고

지식과 교양을 고양하면
그에 바친 시간은 절대 헛되지 않으니
노래 불러도 좋다
지금은
그 시간을 더 늘려도 좋다

주안아, 잊지 마라!
누구에게 견주어도 지지 않을
너의 집중력이라 해도
너는 아직은 들꽃이다
사랑초草가 너의 외형이라면
수초가 늘 물에 거하듯
늘 주님 안에 거하라.

나는 포도나무요 너희는 가지라 그가 내 안에, 내가 그 안에 거하면 사람이 열매를 많이 맺나니 나를 떠나서는 너희가 아무것도 할 수 없음이라(요 15 : 5)

기쁨과 감사가 끊이지 않는 라희

첫 돌 막 지난 우리 라희는
아직 말은 못 하지만,
교회 예배 중 찬양만 나오면
그 리듬에 맞춰
좌우 아래위로 흔드는 팔은
주님의 꽃으로
주님의 나라에 이어져 있고,
그를 지켜보는 우리 마음도
그 길 따라 굳어지고,
마침내 이 땅의 허무와 가시들도
순진무구한 그 앞에서
바르게 정리되어
절로 웃음꽃이 핀다
이런 라희는
밤에는 별을 기리고,
말은 잘하나 실천이 부족한

이 세상을 비웃듯
말 대신 행동으로 사랑을 가꾼다
이런 라희의 춤은
주님과 단독으로 만난다
기쁨과 감사가 끊이지 않는 라희,
주님이 기른다.

감사로 제사를 드리는 자가 나를 영화롭게 하나니 그의 행위를 옳게 하는 자에게 내가 하나님의 구원을 보이리라(시 50 : 23)

쌍둥이 외갓집에 오다

너희를 안아줄 때는 단 한순간도
여기가 너희 집이 아니고
너희는 곧 떠나리라는 것을
나는 조금도 생각하지 못했다
너희 아빠가 내려온다고 했을 때라야
너희를 데려가려고 오는 것을
느낄 수 있었고, 바람조차
나와는 전혀 무관한 곳에서 불고 있었다
시시때때로 까꿍, 까꿍, 너희 눈 맞추는 일이
나의 기쁨이고 행복이었기에,
너희들 가지 말라면 가지 않을까?
정말로 가지 않을까?

내가 아무 낙樂이 없을 때
나의 기쁨이 되어준 주안아!
내가 아무 낙樂이 없을 때

나의 노래가 되어준 라희야!

너희 이름만 불러도 내 어둠이 물러가고
너희 이름만 불러도 하늘에서 별이 쏟아지는
이 가슴 벅찬 이 노래를 부를 수 없다면
아, 나는 이 노래마저 부를 수 없다면
나는 무슨 낙樂으로 살랴.

하나님이여 내 기도를 들으시며 내 입의
말에 귀를 기울이소서(시 54 : 2)

남매

말도 길도 서투른 세 살배기가 간다
그래도 혼자가 아니고
오빠와 동생이라 즐겁다
쌍둥이라 더더욱 즐겁다

말도 길도 서투른 세 살배기가 간다
두 손 꼭 잡고 간다
오빠, 라희야! 내 손 꼭 잡아
동생, 주안아! 너도 내 손 꼭 잡아
그렇게 입 맞추고 눈 맞추더니
이야, 이것 봐라…
오빠 동생 두 손 꼭 잡고 간다
주저 없이 앞만 보고 쭉 간다

아끼던 장난감을 주저 없이 내려놓고 간다
이야, 이것 봐라, 두 손 꼭 잡고 간다

모든 것을 다 박차고 겁 없이 앞으로 간다
엄마 아빠의 염려를 덮는 재롱을 지나
주님께로 아장아장 걷는다
반짝반짝 걷는다

고맙다
그런데 이 모습 언제까지일까?

하나님이여 내 마음이 확정되었고 내 마음이 확정되었사오니 내가 노래하고 내가 찬송하리라(시 57 : 7)

영상 통화

너희들이 몹시 그리운 날
너희들 사진을 보면
네 엄마의 어린 시절이 떠오르고,
또 우리는 어딘가 많이 닮았다

너희들이 몹시 보고 싶은 날
우린 멀리 떨어져 있다 해도
그리우면 서로 통하는가?
갑자기 핸드폰에서 띵까띵까 띵 하더니
너희들 얼굴이 나타난다
오호 횡재라~~~

이런 날은
하늘을 나는 기분,
이런 기쁨을 준 너희들은
나의 천사. 해. 별, 불멸의 꽃!

바라는 게 있다면
이런 기쁨을 자주 주어라
나는 살날이 그리 많지 않으니까.

나의 영혼아 잠잠히 하나님만 바라라 무릇 나의
소망이 그로부터 나오는도다(시 62 : 5)

주님 오시는 그날까지

나는 너희의 외할아버지 된 것이
어찌나 고마운지
아침에 눈 떠 캄캄한 밤에까지
너희 위한 기도 다 마치지 못해서
꿈속에서도
너희의 앞날을 축복하며 기도한다
진심으로 축복하며 기도한다

그리고 '외할아버지 사랑해요'라는
너의 그 말에 가끔 눈에선 무슨 물이
줄줄 흘러내린다

영원한 나의 기쁨이여!
영원한 나의 사랑이여!

주님의 왕자로 자라다오

주님의 공주로 자라다오

우린 멀리 떨어져 있어도
내 마음 너희 곁에 항상 있다
너희 마음 내 곁에 항상 있다
주님 오시는 그날까지
주님 오시는 그날까지.

야곱의 하나님을 자기의 도움으로 삼으며 여호와 자기 하나님께 자기의 소망을 두는 자는 복이 있도다(시 146 : 5)

어화둥둥

오랜만에 서울에서 쌍둥이들이 내려오니
함지박만 한 웃음이 내 귓가에 걸렸다
우리 집에서 태어나 백일 지나 올라갔다가
다시 18개월 되어 내려온 너희들이
코맹맹이 소리로 할아버지 할머니를 부르니
장기 휴가 갔던 웃음이 냉큼 돌아와
껄껄 웃는다

얘들아! 잊지 마라
우리의 믿음은 물론 사랑까지
하나로 결속되어 있다

나는 드라이브하기, 키즈 카페가서 놀아주기
너희 외할머니는 이유식과 간식 만들기, 빨래하기
힘들어도 기뻐 웃음 가득하였고,
그리고 목욕시켜 잠재울 때

안고 들려주던 동화… 엄마가 섬 그늘에

토끼와 거북이… 느끼는 듯…

살포시 잠든 너희 얼굴에 어화둥둥

어화둥둥 꽉 실은 내 사랑이

활짝 피고 있었다

얘들아! 잊지 마라.

우리의 믿음은 물론 사랑까지

하나로 결속되어 있다.

너희는 여호와를 영원히 신뢰하라 주 여호와는

영원한 반석이심이로다(사 26 : 4)

외할아버지 기도

주여, 자나 깨나
별을 품고 별을 따라가게 하소서
가뭄의 땅에서나 풍랑의 바다에서도
주님 따라가게 하소서
내 계획했던 일이 어긋날 때는
잃은 것보다 남은 것을 헤아리면서
모든 근심과 걱정은 장미꽃 속에 두고
밤낮으로 돌보며 기도하게 하소서
한 번의 실패는 성공의 어머니이니
나의 어려움을 나의 의지로 이기게 하시고,
설령 연약하여 쓰러졌을지라도
믿음으로 극복하게 하소서
내게 없는 것을 허황하게 탐내지 않게 하시고,
내게 있는 것에 자족하며 감사하게 하소서
허례허식과 자만은 패망의 지름길이니
내가 잘되고 잘 나갈 때일수록

더욱 겸손하게 하소서
재물보다는 명예를 택하게 하시고,
명예보다는 정직을 택하게 하소서
사랑과 정은 바람 같으니
나의 이웃을 늘 예禮로 대하고
진실이 나의 신조가 되게 하소서
거짓을 제일 미워하고
주님을 늘 두렵고 떨림으로 섬기게 하시고,
나의 모든 일이 주님을 위한
주님의 일이 되게 하소서.

어호와를 경외하는 것이 지혜의 근본이요
거룩하신 자를 아는 것이 명철이니라(잠 9 : 10)

서귀포에서

가파도에 가고 싶은데
가파도에 가는 배가 끊어졌을 때 알았다
내 첫 마음이 연락선인 것을
파도가 거세게 몰아치니 그 첫 마음이
차츰 변할 때 알았다
가파도도 이별 없는 세상에서
살고 싶어 한다는 걸
내 먼 사랑도 그러할 것이다.

작품 해설

유산의 목록을 다시 고쳐 쓴 시인의 결정을 존중하며
-이석규 시인의 신앙시집 《외할아버지의 기도》에 붙여

이충재(시인, 문학평론가)

유산의 목록을 다시 고쳐 쓴 시인의 결정을 존중하며

1. 기독교와 시를 생각하며

한 사람의 일생을 생각하면 꼭 한 송이 꽃과도 같다. 또 다른 식물군이 많이 있기는 하지만 왜 하필이면 꽃에 비유할까? 의아하게 생각하는 사람들이 많아 설명을 하고 넘어가는 것도 개 않다고 본다. 한 개의 씨앗이 땅에 파종되거나 모종이 심긴 이후, 거름과 물과 햇볕을 먹고 마셔야 비로소 씨앗이 영글고 이어서 예쁜 꽃송이가 만개하는 현상을 보게 된다. 때가 되면 그 꽃잎은 언제 그랬냐는 듯이 시들고 져 버리기 일쑤다. 아쉽기는 하나 어쩔 수 없이 다음 해 계절을 기약하게 된다. 아무리 다음 해 봄에 꽃이 핀다고 해도, 전

년도의 그 꽃의 자취는 아니라는 느낌은 지울 수가 없는 사실이다. 이미 그 꽃은 지고, 대궁은 하나이나 그 종자의 후속 종자쯤으로 생각하면 정답이다.

사람도 이와 같아서 긴 듯하지만 지나고 나면 어느새 나이를 먹었는지 머리는 희끗희끗거리고, 얼굴 구석구석은 검버섯이 피어올라 거울 앞에 서는 횟수가 점점 줄어드는 상황을 경험하게 된다. 그런가 하면 예기치 않은 이웃 친구의 비보를 접하게 되고 곧 상심에 젖을 때가 있다. 이것이 인생이다. 유한한 인생! 그래서 우리는 순간순간을 아낌없이 잘 살아 드려야 하는 것이다. 결코 쉽지 않은 결단이긴 하지만 그렇게 살아 드려야 비로소 후회 없는 인생의 종말을 맞이하고 저마다 제2의 나라(천국↔지옥)로 직행하게 되는 것이다.

이석규 시인의 이번 시집 《외할아버지의 기도》를 보면 어느새 뒤(후손)를 돌아보아 내일을 염려하는 적령기에 이르렀음을 스스로 인정하는 시기가 도래한 셈이다.

'더 잘 사는 것'이 아니라 '더 잘 살아 드려야'할 뚜렷한 대상이 그의 인생 앞에 놓여있다는 목적의식을 발견하기란 어려운 일이 아니다.

이석규 시인을 알고 지낸 지는 서너 해가 지난 듯하다. 대면하여 만난 것은 한 편의 시 정기모임 때 단 1회에 지나지 않겠지만, 한 편의 시 모임의 카톡방을 통하여 함께 호흡하고 있었음에 그래도 적지 않은 세월이라고 말해도 과언이 아니다.

이즈음에 이석규 시인이 신앙시집을 낸다고 연락을 보내왔다. 적지 않은 시편들이지만 아마도 절대자와 가족 그리고 절대자와 자신과의 유한한 그리고 부질없었던 삶을 정리하고 새로운 선상에서 신앙생활의 성장, 성숙을 꾀하는 일련의 시 문학을 통한 신앙고백이 짙다고 할 수 있다.

신앙을 통하여 자기 삶을 유턴시킨 신학자들과 선조들을 적지 않게 만나오고 있다. 시대의 반항자요 불량자였던 성 어거스틴이 그 예이고, 또한 미국의 워터게이트 사건의 연루자로서 감옥 생활을 해 오던 한사람인 그가 감옥에서 예수를 만나 복음 전도자로서의 행복한 일생을 맞고 보냈던 찰스 콜슨이 바로 그다. 기독교 변증법의 대가 C.S 루이스가 또 그렇고 조선의 신학자 김교신 선생이 바로 그다. 그리고 얼마 전 돌아가신 이어령 교수 역시 딸의 전도를 받아 지성에서 영성으로 영혼의 거처를 옮겨 살다가 하나님 품에 안기셨다. 이분들 말고도 수많은 사람들이 예수를 만나 그의 삶을 변형시켜 죄 사함을 통한 영원성을 선물로 받았다는 증거가 곳곳에 많다.

그 곁에 이석규 시인의 일생을 살짝 접붙임 하면 역시 같은 은혜, 같은 믿음, 같은 영원성을 부여받은 뜻깊은 잔칫상을 받게 되었다는 것을 고백하게 될 것이다.

그가 이번에 자신의 삶을 되돌아보고 고되고 어두운 세상에서 방황하다가 회개란 터널을 빠져나와 비로소 만난 광명의 빛 예수를 만나고 그를 믿은 증표로서 세례를 받고 거듭남의 비밀을 두 딸과 아내 그리고 손자 손녀를 향한 사랑과 그리움의 따스한 마음으로 그려내고 있다. 그 열매가 바로 이번에 동반 출간되는 신앙시집으로서《외할아버지의 기도》이다.

필자도 어느새 출가시킬 만큼 장성한 두 딸을 두었다. 그래서일까 손주들 이야기를 하는 동료들이나 선배들을 보면 은근슬쩍 부럽기까지 하다. 어느 누구는 손주들을 돌보면서 할아버지로서 육아일기와 동영상 등을 통하여 손주의 성장기를 다큐 필름에 담아 놓는 등 극성을 부리는 이의 자랑 섞인 고백을 들은 적도 있다. 이석규 시인은 천상 순수 시인이다. 보편적 삶이 아닌 영감을 통하여 시를 짓는 아름다운 달란트를 선물로 받은 천상 대한민국 시인이다. 시인인 그가 이번에 두 딸과 가족 그리고 손주들에게 남겨야 할 유산목록으로서의 신앙시집을 집필하고 출간하게 된 것이다.

이는 다른 시집과는 충분히 차원이 다르다. 그 의미도 역시 같지 않다. 많은 사람들이 물질이란 유산목록을 작성하느라 골머리를 썩으며 변호사 선임 운운할 때, 이석규 시인은 신앙인답게 기도하고 찬송을 외쳐 부르면서 신앙의 유산, 아빠와 남편, 할아버지로서의 자기 삶의 역경, 시련과 방황 등을 통하여 깨닫고 느껴왔을 신앙고백 적 열매들을 조리하여 가족들 앞에 내놓는 영적인 셰이프답게 신앙시집을 집필하고 출간하여 유산으로 남겨 줄 모양이다. 이를 신앙의 유산목록 재작성 혹은 재발견이라고 언급해도 전혀 지나침이 없다. 이제는 그 원초적인 신앙시집을 한 편 두 편 따라가 보고자 한다. 은혜가 아니면 결코 감상할 수 없는 진한 신앙고백을 경험하게 될 것을 확신한다.

이미 구약성경의 '욥기'나 '시편' 그리고 '잠언서'와 '전도서' 등이 시의 형식을 빌려 신앙의 유구한 전통을 이어오는 것과 하나님 섭리의 메시지를 담아오고 있음을 보듯이 그리고 '조지 뮬러의 일기'나 '본회퍼의 감옥에서 쓴 편지' 등을 통해서 기록적 가치는 엄연히 우리 삶을 변화시키고 수많은 사람들로 하여금 하나님께로 돌아오게 하였듯이, 이석규 시인의 이번에 출간되는 신앙시집의 역할에 거는 기대가 자못 크고 놀랍다. 이제는 시인의 눈물을 자아내고 가슴을 치게 하고, 삶의 선상에서 영생의 나라로 유턴의 키를 돌려 전진케 한 일련의 과정에서 경험했던 숱한 흔적들로 기록되어졌던 시편들을 천천히 기도하는 마음으로 만나보기로 하자.

2. 눈물과 간절함이 쏟아 낸 신앙고백 적 시 노래에 마음 문 열다

이 시집의 대부분의 신앙 시들은 시인 자신을 포함하여 한 가정을 위한 영성의 목적성을 가지고 있으며 동시에 영원성을 염두해 두고 드리는 기도 시라고 해도 족할 만큼 간절함이 깊게 베어져 있는 작품들이다.

자서에서 이미 밝혔듯이 "이 책은 나의 뜻에서라기보다 주님의 징계, 교통사고로 2년이 넘는 병상 속에서 이뤄진 것입니다. 대대로 우상을 섬기던 유교 집안의 8남매 중 셋째인 제가 처음으로 주님을 영접하고, 안수 집사까지 되었으나, 거듭되는 사업의 실패로 서울서 타향, 창원으로 내려왔어도 돈을 따라 움직였고 기도 생활 헌신 봉사도 소홀히 하니까, 결국 주님께서 세상 것 그만 쫓으라고 다리를 부러뜨리신 것 같습니다. 머리도 한 3, 40발 꿰매지만 괜찮은 것 보니 주님께서는 이런 죄인도 동안 사랑으로 '관리'하고 계셨음에, 감사 찬송으로 이 책을 엮었지만, 부족한 것뿐입니다." 시인의 신앙 이전과 이후의 여정이 그대로 투영되고 있어 의미가 깊다고 할 수가 있다.

래리크랩은 『지상에서 가장 안전한 곳』(요단)에서 다음과 같이 기도를 하고 있다. "주님, 공허하게 앞을 바라보고 있는 사람들 옆에 앉아 상대방의 눈을 바라보지도 않으며, 아무도 알려하지 않고, 아무에게도 알려지지 않는 이러한 삶을 내가 살지 않도록 지켜 주옵소서."

이는 관계적 공동체를 중요시하는 저자의 바람이기도 하지만, 인생을 살아가는 우리 모두가 가질 수밖에 없는 필수적인 관계를 말하는 것이다. 그런 관계 선상에서 그리스도인으로서 마땅히 취해야 할 가치를 잃지 않게 해 달라는 청원의 기도인 것이다. 이석규 시인의 이 시집에서 드러지는 모든 신앙 시들이 이와 같은 바람을 내적인 공간에 담고 고백하고 있다는 점에서 시인이 얼마나 의미 있는 삶을 간절히 원했는가를 알 수 있게 하는 시기의 시들이라고 보면 틀림없다. 그런 맥락에 창작되어진 시들을 감상해 보기로 하자.

어린 꽃이라고 해서
그가 거기 없다고 하는 이 없고
어린 꽃이라도 향기는 절대 가볍지 않아요
무관심에 안 헤맨 꽃 없고

외로움에 캄캄한 구석과 친구 된 꽃 많아요
어른 꽃들이 잘 보살펴 주면
견디지 못할 시련과 고난은 없어요
조상과 키와 몸무게는 달라도
어린 꽃이 가장 절실한 때
예수님의 십자가를 생각하며
그의 친구가 돼 주면 하나님은
아주 기뻐하신답니다
우리는 다 주님께 허물 많은 꽃이요
주님은 우리를 모두 사랑하시기에
어린 꽃이라고 무시하지 말고
그의 등을 마구 흔드는 바람을 막아주라 하십니다
어린 꽃에 대한 무관심이 사라질 때까지
그 편견과 장벽이 사라질 때까지.

-<꽃집 교회> 전문

위의 시는 예수 그리스도 안에서 편견 없이 살아드려야 할 관계성을 지목하여 개선의 여지를 제시하고 있는 시이다. 세속화된 시대는 늘 누구랄 것도 없이 비교를 하고 경쟁을 한다. 가진 것의 많고 적음이란 소유의 양에 따라서, 그리고 권력과 명예와 인기 또는 외적인 찬란함을 기준 삼아 서로 편을 가르는 등 이분법적 구조를 구축하는 데 익숙해져 있다. 행복과 불행을 이야기하는데도 마찬가지로 상대적 비교 선상에서 그 결과론을 내놓는다. 그러니까 그로부터 돌출된 행복과 불행은 거짓된 결과물이며 그릇된 표준으로부터 만들어진 인위적인 행복과 불행이므로 영원할 수 없는 한계를 지니고 불온한 동기로 설정된 삶이란 점에서 진짜로 행복할 수도 불행할 수도 없는 것이다. 오직 그리스도 예수 안에서 찾게 되는 행복, 평등 그리고 평안이야말로 진짜임을 시인은 이미 확신하며 알고 있다는 의미로 읽혀진다. 그 모든 것을 꽃에 비유하여 이 땅의 사람들이 하나님 안에서 한결같이 동일한 피조물이어야 한다는 것을 고백하고 있다.

주님을 생각하면
슬퍼도 고마울 때가 있습니다
고마워도 슬플 때 있습니다

부족하고 죄 많은 날 사랑하신다는
주님의 그 약속은 정말 고마운데
너무 부족해서 부끄러울 때가 많습니다

말로만 주님을 사랑하는 사람은
제발 제 주제 파악을 했으면 좋겠습니다

주님을 사랑한다고 떠벌리다가
부지중에 주님의 영광을 가리기보다는
일상 속에서 주님의 사랑을 실천하는
그런 믿음을 가꾸고 싶습니다

지금은 드릴 게 찬송과 기도밖에 없어도
언제인가는 주님의 마음에 합한 자가
나도 될 수 있다는 그런 믿음을
주님은 아주아주 좋아하니까요.

-<좋은 약속> 전문

어쩌면 위의 시를 감상하다가 불현듯 이런 모습 하나 떠올려보게 된다. 하나님 앞에 서면 누구나 한결같이 순수한 어린양으로 돌아가 구원의 메시지를 구하고 참된 삶을 살고 싶어 애원하듯 그 이름을 부르며 찬양하는 시인의 그 모습이 자연스럽게 떠 올려진다. 그러니까 세상에서 나이가 소용없는, 세상에서의 배움과 가진 것 역시 중요하지 않다는 고백, 오직 창조주 앞에서는 모든 피조물이 어린 순전한 아들임을 부인할 수 없을 정도로 영혼이 청결해지고 비고 빈 상태를 유지할 수밖에 없음을 시인은 위의 시를 통해서 뭇 영혼들을 교훈시키고 있다. 여기서 우리가 꼭 기억해야 할 책임을 잊어서는 안 된다. C.S 루이스는 『개인기도』(홍성사)에서 기도의 필요성과 막힘에 대해서 다음과 같이 설명하고 있다. "우리가 하나님과의 교제에 쓰는 몇 분, 단 몇 분을 기쁨이 아니라 부담으로 느낀다면 어찌해야 하나? 내가 칼뱅주의자라면 변함없는 절망에 빠지게 되네. 장미꽃 피우기 싫어하는 장미나무를 위해 무엇을 해 줄 수 있겠는가? 혹은 그런 장미를 가지고 무엇을 할 수 있겠는가? 장미나무는 장미꽃을 피우고 싶어 해야 마땅하지 않나? 우리가 기도를 꺼리는 이유는 무엇일까? 모든 교사의 지적에 따르면, 그

것은 상당 부분 우리의 죄 때문이네."

나
이제 추운 나라로
소풍 간다

젖은 장작에서 피는
매운 연기가
어둡다

그래도 추위 그거
김밥처럼 생각하고
외로움 그거
커피처럼 생각하면
아, 난 주님의 꽃씨,
땅 밑에 지렁이 친구 삼으면
주님의 호위 무사,
하지만 난 동토凍土
아무래도 한 두세 달 더

주님의 십자가를 묵상하며
나의 자아自我를 죽여야 하는
소풍이다.

-<겨울나무> 전문

위의 시를 통하여 시인의 주님을 향한 여정이 확고하게 정립되어 있는 단호함을 발견케 하는 시다. '추운 동토의 나라', '매운 연기', '추위 그거', '외로움 그거' 등은 모두가 세상의 것이다. 지금까지 시인 자신이 무섭고 두려워 떨기만 했던 세상의 은유적 대상들이다. 지금까지 그것들에 매여서 살아온 삶을 과감하게 청산하고 이제는 '주님의 호위 무사'를 의지하여 살아가겠다는 자신감을 드러내는 모습이 자랑스럽게 드러난 시다. 그러나 영적 교만해짐을 우려해서일까. 시인은 자신을 쳐 복종시키기 위한 절차에 돌입을 한다. 그것이 바로 '아무래도 한 두세 달 더 주님의 십자가를 묵상하며 나의 자아自我를 죽여야 하는 소풍이다'의 시구이다. 참으로 아름다운 자기 성찰의 고백이 깃든 작품이다. 이를 통하여 하나님께로 더 가까이 다가서는 가장으로서, 동료로서의 이석규 시인을 보는 이들의 영혼은 참으로 행복할 수밖에 없다고 생각한다. 미래의 이석규 시인의 신앙인의 모습과 견고한 영적 동지로서 기대되는 부분이기도 하다.

내륙이 온통 환해지는 곳, 교회
가난한 마음으로
새벽기도 가는 길
닭이 운다
온몸에 이슬 내린다
앞집 옆집 개들이 컹컹 멍멍 짖는다
이것 또한 주님의 은혜요
선물인 듯
하늘엔 별들의 비단결 나래
땅엔 주님의 십자가 사랑 충만…
발걸음을 뗄 때마다
찬송이다
천국이다.

-<새벽기도 가는 길> 전문

헨리 나우웬은 『기도의 삶』(복 있는 삶)을 통해서 다음과 같이 기도의 중요성을 들려주고 있다. "기도를 일시적 경건 행위로 전락시키는 한 우리는 하나님의 질투하시는 사랑의 신비에서 계속 멀어지는 것이다. 그 사랑 안에서 우리는 지음 받고 구속되며 거룩하다."

시인의 신앙의 열정이 어디서부터 왔는지는 잘 모른다. 시인의 말에서 고백하였듯이 시련과 고통 속에서 절대자 하나님만을 의존할 수밖에 없는 삶이 연출되었을 수도 있겠지만, 그를 사랑하는 하나님의 부름심(calling)이 예정되어 있었기에 가능했으리라고 밖에 믿어지지 않는다. 부수적인 동기는 동기일 뿐이지 절대적인 복종이나 순종의 원인은 될 수 없는 창조주 그분의 예정하심 안에서나 충분히 가능한 법이다. 그래야만 영원한 본향에 이르기까지 견고하게 붙들림 받을 수 있기 때문이다. 인위人爲적이 아닌 신神적인 붙들림 안에 거하는 그런 삶을 말하는 것이다. 그것이 바로 시인으로 하여금 새벽기도에 몰입할 수 있게 하는, 새벽 기도의 중요성을 고백하게 하는 삶을 연출하신 것이다.

축복 주소서, 아버지 하나님이여

제 무명無名에 주의 이름표를 달게
나의 기도에 꼬까옷을 입혀 주옵소서
탐욕에는 부디 눈 감게 하시고
이성이 아니라 오직 믿음으로
모든 어려움 헤치게 하소서
길이 막힐 때 길이 참을 알려주시어
흡족하신 주님의 사랑 신뢰하고
주님만 쫓게 하소서
행여 주에 말씀을 벗어나거든 손길 주시어
주의 나라에 거름이 될망정
쓰레기는 안 되게 하소서
그리고 저 고운 단풍으로 천국에 들어가
길이 주님과 함께 살게 하소서.

-<가을 기도> 전문

이전에서 설명한 바와 같이 시인의 순수한 영혼에 대한 영원성은 참으로 놀랍다. 고희古稀의 세월임에도 불구하고 위와 같은 기도 시를 쓸 수 있다는 것은 시인이 품고 있는 신앙의 순수성의 깊이와 성숙도를 측정하고 남음이 있게 하는 장면이다. '제 무명無名에 주의 이름표를 달게', '나의 기도에 꼬까옷을 입혀 주옵소서', '탐욕에는 부디 눈 감게 하시고', '이성이 아니라 오직 믿음으로', '모든 어려움 헤치게 하소서' 이렇듯 하나님 앞에서 드리는 자신의 삶을 거듭난 상태로 변형시키사 일생토록 헌신하겠다는 다짐의 기도 시라고 할 수 있다. 이러한 고백과 결심 그리고 약속과 바람은 결코 쉽지가 않다. 그런데 시인은 그렇게 하고, 고백하며 신앙생활의 현장으로 나가고 있다. 이것이 바로 오랫동안 이석규 시인을 알아 온 사람들의 입을 빌려 말하면 그가 아주 극명하게 변한 것이다. 거듭난 것이다. 거듭난 지성 찰스 콜슨은 『러빙 갓』(홍성사)에서 말하기를 "하나님은 우리의 성공을 원치 않으신다. 그분은 바로 우리 자신을 원하신다. 그분은 우리의 업적을 요구하지 않으신다. 우리의 순종을 요구하신다. 하나님의 나라는 십자가의 비참한 패배를 통해 거룩하신 하나님이 온전히 영광을 받으시는 역설의 왕국이다. 승리는 패배를 통해 오고, 치유는 상처를 통해 온다. 자아의 발견은 자아를 버림으로써 오는 것이다."

위의 말을 통해서 볼 때, 이석규 시인은 살아오면서 당했던 교통사고와 사업 실패로 병원에 장기간 입원과 수술을 반복하면서 그리고 낙심과 절망으로 상했을 영혼을 치유케 하시는 하나님의 손길을 통해서 확연하게 그의 미래가 누구도 모방할 수 없을 정도로 변해 있음을 발견케 되는 그 놀라운 경험을 목격하게 되는 결단을 낳게 한 시라고 보면 틀린 말은 아니다.

믿음은 큰 눈물
아까부터 날 부르시는 주님을 따라가야지
이발길 거두면
외로움의 별이라네

사랑은 뜨거운 눈물
어둠 속에서도 주님을 찬양해야지
이 찬양 거두면
허무한 별이라네

설렘으로 가득한
그 부근은 희미하네

그래, 멈출 수 없네
주님의 약속이 들어 있는 책
그 책이 내 유일한 힘이네
성경책.

-<순례자의 노래> 전문

우리 믿는 이들은 이 세상에서의 삶을 망명자적 삶이라고 칭하기도 한다. 망명자라 하면 영원히 머물 곳이 아닌 역경의 수순에 의해서 잠시 고통받는 이정표 없는 여정에 던져진 인생이란 것이다. 그러나 그냥 내동댕이 친 삶으로서의 단순히 망명자가 아닌 성령 하나님의 보호하심 안에서 본향을 준비하는 거룩한 망명자 적 삶을 살고 있는 그런 유형으로써 서자庶子가 아닌 적자嫡子요 이방인이 아닌 주인의 아들이라는 것이다. 말씀 중심의 삶을 잘 살아드려야 하며, 당연성 깊은 삶을 위해 애를 써야 하며 동시에 연단의 연단을 잘 견뎌야 하는 것이다. 이것이 믿지 않는 사람들에게는 허용되지 않았지만, 믿는 이들에게는 훈련으로 허용된 인생인 것이다. 그러나 믿음이 없는 사람들은 이것을 시험

(Training)이 아닌 시험(Temtation)이라 조롱을 하겠지만, 이석규 시인은 결코 그럴 수 없는 삶임을 알기에 말씀에 귀 기울이고 찬송으로 화답하는 인생을 살아드리는 것이다. 이러한 삶이 위의 시에 그대로 투영되어 빛을 드러내 보이고 있다. 참으로 귀한 시가 아닐 수 없다.

주님이
모닝커피에도 피고
출근 때도 피는
꽃

주님이
눈빛에도 피고
발길에도 피고
대화에도 피는
꽃

주님이
평생

1+1=3이 되는

꽃.

-<꽃 중의 꽃> 전문

시인의 시적 달란트를 마음껏 발산시킨 작품이라고 친다면 위의 시를 들겠다. 하나님의 중요성, 유일신 개념의 찬양을 마음껏 고백하면서 외쳐 부를 수는 있어도 시적인 형식으로 가장 간결하게 그 존재성에 대해서 피력한 작품으로는 그 백미白眉라고 할 수 있다. 요란스럽게 떠들어 그 존재성을 알린다고 다 중요한 것이거나 결과론 적 빛이 나는 것만은 아니다. 이렇듯 가장 간결한 고백적 시의 그릇에 하나님 형상을 담아내고 그려낼 수 있다는 것은 시인이 아니고서는 결코 해 낼 수 없는 아주 좋은 시라고 할 수 있다. 이것이 바로 이석규 시인에게는 있고, 보편적 그리스도인들에게서는 찾아보기 어려운 특징이라고 할 수 있다. 그러니까 예배당에서만 찾고 만나는 하나님이 아닌 우리의 일상 어디든지 함께 동행하면서 영광 받으시고 더불어 우리의 신변을 지키시고 보호하여 주신다는 신앙적 확고한 고백과 믿음이 가장 사실적으로 드러나는 시라고 해도 지나침이 없다.

우리 외손주와 손녀는 별이에요
하나님의 은혜와 사랑으로 내게 온
아주아주 사랑스러운 별이에요
유난히 크고 유난히 밝고 밝은
기쁨과 감사가 넘치는 별이에요

내 감사와 찬송이 되어 준 별들이여
내 일평생 기도가 되어 준 별들이여
내 죽음으로도 다 사랑하지 못할
내 사랑들이여

나의 별들이여, 잘 왔다, 고맙다
두 손 들어 열렬히 환영한다

어서어서 무럭무럭 자라서
주님을 기쁘게 하는 자가 되어다오

너희들은 우리의 믿음에서 기쁨까지
환하게 건너온 주님의 선물이니까
이 세상의 최고의 선물이니까
내 생명이 붙어 있는 한 사랑하리라
죽어서도 너희들을 사랑하리라.

-<별들이여> 전문

사람은 누구나가 의존적 삶을 살아가게 되어 있다. 어릴 때는 어머니와 아버지를, 청소년기에는 친구들과 이웃들을 그리고 장년기에 이르게 되면 가족을 그리고 노년이 되면 다시 어린 손주들과 자식들에게 의존적 삶을 살아가게 되어 있다. 그렇다면 이 의존적 대상이 힘이 세거나 물질이 많거나 권력이 있어서가 아니라 단순히 곁에서 동반자적 존재자로서 머물기만 하면 그 이상도 이하도 아닌 위로와 힘이 된다는 의미이다.

이와 같이 거시적 안목으로는 하나님 절대자의 장중에 머물며 천국을 소망하면서 살아가지만, 인간적으로 볼 때 가족 구도 속에서 서로 의지하면서 사랑하면서 공생관계를 이어가는 것이 맞는 것이다.

요즘 이석규 시인이 가장 의미 있고 행복한 삶을 살아갈 수 있는 매개는 단연코 딸들의 삶과 손주들이다. 그 의미와 즐거움이 바로 위의 시에 그대로 그려져 있음을 본다. 그런데 여기서도 시인의 믿음과 신앙이 돋보인다. 눈에 넣어도 하나도 아프지 않을 대상으로서의 손주들이지만, 거듭 소망하기는 할아버지의 당부로서 그 한마디가 빛을 내고 있다. '어서어서 무럭무럭 자라서', '주님을 기쁘게 하는 자가 되어다오', '너희들은 우리의 믿음에서 기쁨까지', '환하게 건너온 주님의 선물이니까', '이 세상의 최고의 선물이니까' 이것이 할아버지의 손주, 자신의 뿌리를 향한 깊은 마음이다. 이것이 오늘을 살아가는 마지막 기쁨이요 행복의 소산물임을 이석규 시인은 잊지 않고 기억하면서 그들의 생애를 하나님께 맡겨드리고 중보의 기도와 감사의 기도를 드리고 있는 것이다.

3. 시인의 시적 인생과 신앙인으로서의 성숙과 열매를 기원하며

미국 태생의 시인인 앤 윔즈는 사랑하는 아들 토드를 스물한 살 생일에 잃은 어머니의 슬픔을 시편 가지의 믿음과 언어로 노래한 『슬픔의 노래』(바람이 불어오는 곳)에 담아 슬픔을 당해 어찌할 줄 모르는 이들에게 그 아픔과 고통을 표현할 정밀하고 통렬한 언어를 제공하며 깊은 위로를 주었다.

미국의 대표적인 기독교 철학가이며 예일대학고 석좌 교수인 니콜라스 월터스토프는 사랑하는 아들을 잃은 마음을 『나는 사랑하는 사람을 잃었습니다』(좋은 씨앗)을 통하여 사랑하는 사람을 잃고 상심에 빠진 사람들과 그들을 위로하려고 손을 내미는 사람들에게 진정한 선물을 주고 있다. 그의 글은 '우리의 상처에 위안의 연고'가 되고도 남음이 된다. 그가 침묵하지 않은 것에 대해 하나님께 감사드린다.

이와 같이 자신의 아픔을 끌어안고 칩거 상태에 머물기만 한다면 변화는 있을 수 없다. 그 상심과 상처는 치유되기 어렵다. 그러나 용기를 내어 외부로의 돌출을 시도하였기에 자신뿐 아니라 많은 영혼들의 상처까지도 치유하고 힘을 줄

수 있는 매개로 작용하는 것이다.

이석규 시인도 충분히 많이 아파했다. 교통사고로 오랫동안 병원 신세를 져야만 했고, 사업 실패로 절망과 낙심에 젖어 살았던 그 아픈 시절 또 경과해왔다. 그로 인해서 마음도 많이 약해져 있었던 것이 사실이다. 그러나 그가 다시 예수의 부름을 받고, 써 온 신앙 시들을 통해서 많은 사람들에게 다가설 수 있는 용기를 지닐 수 있었던 것에 박수와 함께 감사를 드리지 않을 수 없다.

뭉크는 자신의 삶을 어떻게 하지 못해서 절규하며 일생을 보내야만 했고(『뭉크뭉크』(다빈치)), 헨리 나우웬 역시 상처를 딛고 상처받은 많은 영혼들을 찾아가 하나님의 큰 위로의 메시지 『상처 입은 치유자』(두란노)를 주고 하나님 품으로 돌아갔다.

모든 사람들은 이렇게 세상을 등지고 영원히 약속된 본향으로 돌아가기 마련이다. 천상병 시인의 노래처럼 '잠시 소풍 왔다가 즐겁고 행복한 시간을 보내고 다시 본향으로 돌아간다네' 우리는 다들 그렇게 살다가 후련히 떠나가기 마련이다. 그러나 이 세상에서의 삶은 기쁘고 즐거운 일만 있는 것이 아님이 분명하다. 그래서 우리는 성령 하나님을 의존하여 살아가야 하는 유약하고도 유한한 존재들인 것이다.

안셀름 그륀 신부의 당부로서의 『아래로부터의 영성』(분도출판사)나 이 시대를 향한 진단을 철저하게 한 십자가의 요한의 결정적 고백으로서의 『어둔 밤』(기쁜 소식)과 제랄드 메이의 『영혼의 어두운 밤』(아침영성지도원)을 통해서 세기의 우리의 영혼이 얼마나 곤고한가를 충분히 인식하고도 남음이 깊다. 그래서 앤드류 머레이는 우리를 향하여 말하기를 "그리스도를 내 삶의 주인으로 모시는 비결"을 가르쳐 주고 동시에 "나를 허물고 주님을 세우는 삶"을 살라고 당부를 하고 있다.

여기서 이석규 시인의 적지 않은 신앙고백을 담은 시편들이 바로 앤드류 머레이의 생각과 당부와 일치를 한다고 볼 수 있다. 그 예가 다음과 같다.

"이 한 가지 생각으로 하나님 앞에 나아가 그분의 발아래 엎드리십시오. 당신은 매일 탁자 위에서 알맞은 때에 향긋한 차가 가득 채워지기를 기다리는 빈 찻잔을 볼 것입니다. 이것은 비단 찻잔뿐만 아니라 그릇이나 접시의 경우도 마찬가지입니다. 그것들은 음식을 가득 담을 수 있도록 깨끗이 닦여 있고 완전히 비어 있습니다. 음식을 담을 수 있도록 잘 준비된 그릇처럼, 당신도 그리스도께 나아가 그분의 영을 가득 채울 수 있는 그릇이 되고 싶다고 말하십시오. 가장 겸손한 심정으로 하나님께 경배를 드리며, '하나님 저는 아무것도 아닙니다'라고 고백하십시오. 그럴 때 당신은 '저는 하나님이 약속을 이루어 주실 것을 믿습니다. 주님 제가 육신에 속한 상태에서 벗어나 신령한 그리스도인이 될 수 있도록 성령님으로 충만히 채워 주십시오'라고 간구할 권리를 얻게 될 것입니다."

이 한 권의 신앙시집을 통하여 그동안 미처 발견하지 못했던 이석규 시인의 순수성 짙은 영혼의 노래와 그의 신앙과 삶을 면밀하게 접할 수 있는 아주 유익한 여행이 되었다. 내내 함께 순례를 다녀온 느낌이다.

아무쪼록 남은 인생 내내 성령 하나님과 동행하면서 영과 육이 모두 강건하기를 위해서 기도를 드린다. 또한 위로가 되고 울림 가득한 시편들을 창작할 수 있기를 위해서 건필을 기원드린다.

가족으로 두 딸과 아내 그리고 귀여운 손주들에게도 외할아버지의 기도가 응답되어 그들의 삶을 통하여 하나님께는 영광이요. 외할아버지의 영혼이 더욱 부해질 수 있기를 아울러 기도드린다. 할아버지의 유산이 이렇게 등재되니 딸들과 손주들 그리고 이웃하는 지인들에게는 걱정 염려가 있을 수 없음과 성령 하나님의 동행하심이 영원할 것을 확신하면서 이 글을 마친다.